W0171297

Bernhard Bauhofer

RESPEKT

Wie man kriegt, was für kein Geld der Welt zu haben ist.

Salis Verlag AG, Zürich
www.salisverlag.com, info@salisverlag.com

Lektorat: Marion Elmer, Zürich
Korrektorat: Miriam Wiesel, Berlin
Gesamtgestaltung: Claudia Klein, Zürich
Satz: Barbara Herrmann, Freiburg im Breisgau
Type: New Century Schoolbook, Futura
Gesamtherstellung: fgb, Freiburg im Breisgau

Der Verlag dankt allen, die bei den Übersetzungen des Wortes
«Respekt» für den Umschlag mitgeholfen haben.
Insbesondere Irene P. Hofstetter und Michael Tremp.

1. Auflage 2008
© 2008, Salis Verlag AG, Zürich

ISBN 978-3-905801-14-9
Printed in Germany

Inhaltsverzeichnis

Vorwort   8

1 Die neue Sehnsucht nach Respekt   10

2 Globalisierung als Katalysator für Diversität und Annäherung   18

3 Respekt und die Sehnsucht nach alten Werten   32

4 Very Respected Persons   64

5 Respekt im Business   108

6 Anleitung zum Respekt   124

Zum Autor   154

RESPEKT

Wie man kriegt, was für kein Geld der Welt zu haben ist.

Vorwort

«Respekt» – über die letzten Jahre habe ich ihn mit mir herumgetragen. Er hat mich nicht mehr losgelassen. Im Zusammenhang mit meinem Buch *Reputation Management* und meiner Beratertätigkeit in diesem Bereich kam der Begriff immer wieder zur Sprache. Respekt – nur wer als Person oder Unternehmen eine intakte Reputation hat, hat die Chance, respektiert zu werden. Und nur wer seine Mitarbeiter und Geschäftspartner respektiert, baut nachhaltig eine gute Unternehmensreputation auf. Doch immer mehr wird die Respektlosigkeit in der Geschäftswelt beklagt. Menschen leiden tagtäglich unter tatsächlicher oder empfundener Respektlosigkeit, Ungerechtigkeiten oder gar würdeloser Behandlung. Ich nenne sie die «schreienden Seelen».

Doch Respekt hat natürlich weit über die Geschäftssphäre hinaus Relevanz. Immer häufiger sitze ich Menschen gegenüber, die mir sagen: «Ich habe vor nichts mehr Respekt. Weder vor der Polizei und den Politikern noch vor der Justiz und den Behörden.» Respekt ist heutzutage in aller Munde. Wie sollte ich mich diesem Begriff mit seinem Facettenreichtum und seiner Multidimensionalität nähern oder ihm gar Herr werden? Es gibt ganze Enzyklopädien, welche die philosophische oder wissenschaftliche Basis von «Respekt» schaffen. Unweigerlich müssen sie bei einem Buch über Respekt berücksichtigt werden. Da mich jedoch das Phänomen «Respekt im Zeitgeist des 21. Jahrhunderts» interessierte, hatte ich mich entschieden, mit Menschen mit unterschiedlichen kulturellen und biografischen Hintergründen über Respekt zu reden.

Heute, nachdem ich das Buch zu Ende geschrieben habe, stelle ich mir selbst Fragen zu Respekt. Vor wem habe ich eigentlich Respekt? Ich respektiere Menschen, die sich im Hintergrund halten und sich selbst nicht so wichtig nehmen. Leistung gepaart mit Bescheidenheit generiert bei mir ein großes Respektempfinden. Ich respektiere Menschen mit Leidenschaft, die bereit sind, für ihre Sache zu «leiden». Ich habe großen Respekt vor Menschen, die alles geben, auch wenn sie nicht sofort oder vielleicht nie die gebührende Anerkennung erhalten. Mir kommt immer wieder das Bild des Jungen aus der Calle 93 in Bogotá in den Sinn. Ich stehe vor einer roten Ampel und dieser Junge nutzt die Zeit, um mir einen Flickflack-Salto darzubieten. Er läuft dabei Gefahr, von rücksichtslosen Autofahrern beim Umschalten der Ampel auf Grün über den Haufen gefahren zu werden. Und obwohl er dies wohl rund fünfzigmal am Tag macht, kann ich mich nicht erinnern, jemals eine hingebungsvollere Performance gesehen zu haben. Ich habe Respekt vor Menschen, die Risiken eingehen und sicheres Terrain verlassen, weil ihnen eine innere Stimme sagt, dass sie das tun müssen. Ich respektiere Menschen, die irgendwann einmal sagen: «Jetzt ist Schluss!» Ich habe Respekt vor Menschen, die einfach machen und nicht nur reden.

Welchen Stellenwert hat Respekt für mich persönlich? Ich kümmere mich nicht bewusst um Respekt. Ich schätze seine Bedeutung erst, wenn mich jemand respektlos behandelt, was zum Glück nicht häufig vorkommt. Zugegeben – es ist ein gutes Gefühl, wenn man spürt, dass jemand Respekt vor einem hat. Keine Frage, Respekt ist die Grundvoraussetzung für ein harmonisches Miteinander. Doch, was ist Respekt ohne Empathie, ohne die Fähigkeit, sich in andere Menschen hineinzuversetzen? Was ist Respekt ohne Liebe? Erst sie macht aus einem friedlichen Zusammenleben ein erfülltes. Ich möchte allen, die dieses Buch ermöglicht haben, von Herzen danken.

Bernhard Bauhofer, März 2008

1 Die neue Sehnsucht nach Respekt

Der **RESPEKT**
hängt mit Toleranz zusammen,
in erster Linie gegenüber uns
selbst. Denn wenn wir uns
selbst nicht akzeptieren können,
ist es sehr schwierig, eine
andere Person so wie sie ist,
zu akzeptieren.

Juanes

R-E-S-P-E-C-T – mit diesem Staccato hat die schwarze Soul-Sängerin Aretha Franklin in den sechziger Jahren des letzten Jahrhunderts ihren Mann angefleht: «Zeig nur etwas Respekt.» Vierzig Jahre später hämmert der Popstar Pink die Buchstaben in die Köpfe der Männer, als ob sich in der Beziehung nichts geändert hätte. Doch nicht nur zwischen den Geschlechtern ist Respekt so aktuell wie nie zuvor. Heute geht es im Kampf zwischen Schwarz und Weiß, Arm und Reich, Vorgesetzten und Angestellten, Alt und Jung und zwischen verschiedenen Glaubensgemeinschaften vor allem um eines: Respekt.

Das Bedürfnis und Verlangen nach Respekt ist universal. Respekt – Respekt! Es liegt in seiner Natur, dass er so begehrt ist und dennoch so wenigen zuteil wird. Dabei passt dieser starre, sehr deutsche Begriff auf den ersten Blick nicht in das Verständnis und den Sprachgebrauch des 21. Jahrhunderts, das von Selbstverwirklichung, Liberalisierung und Emanzipation sowie dem Verwischen sozialer, demografischer und kultureller Grenzen geprägt ist. Im Wechselspiel von Nähe und Distanziertheit bringt dieser Wert den Zeitgeist der globalen Gemeinschaft, deren Protagonisten sich einerseits immer näher kommen, andererseits auf den Erhalt ihrer Identität und Eigenständigkeit bedacht sind, auf den Punkt. Und obwohl «jemanden respektieren» wenig kostet und Respekt für die meisten Menschen einen hohen Stellenwert einnimmt, bleibt er ein knappes Gut.

Dabei könnte doch alles ganz einfach sein: Wenn ich eine Sache oder eine Person respektiere, dann nähere ich mich der Person, halte aber auch eine angemessene Distanz nach dem Motto: «Hier bin ich, dort bist du. Du bist so, wie du bist, und ich so, wie ich bin. Ich nehme dir nichts weg und du mir auch nicht. Wir leben friedlich nebeneinander.» Aber selbst dieser Handel scheint im menschlichen Miteinander – insbesondere wenn ein Interessenkonflikt besteht – immer weniger zu funktionieren. Da unterlassener Respekt nicht bestraft wird, verpuffen die Forderungen nach mehr Respekt zum Leidwesen jener «Aktivisten», die lautstark mehr Respekt für sich einfordern oder sich gekränkt oder frustriert zurückziehen. Doch trotz deren Engagement besteht wenig Aussicht auf Erfolg. Schon gar nicht für Politiker.

In seiner Amtszeit machte sich der englische Premierminister Tony Blair mit einer «Respekt-Agenda» höchstpersönlich für mehr Respekt in der Gesellschaft stark. Im Januar 2006 entfernte er, im Anzug mit Krawatte, in der Kleinstadt Swindon höchstpersönlich ein Graffito von einer Hauswand. Kurz davor hatte der Politiker einen Aktionsplan zum Kampf gegen asoziales Verhalten vorgestellt und darin Halbstarke kritisiert, die für ein friedliches Zusammenleben nicht den notwendigen Respekt aufbrächten. Auch in Deutschland machen sich Politiker für ein härteres Vorgehen gegen jugendliche Gewalttäter stark und fordern Maßnahmen wie Erziehungscamps. Da in beiden Fällen bei den Symptomen und nicht den Ursachen angesetzt wird, sind die Erfolgsaussichten entsprechend gering. Im Gegenzug können auch Politiker nicht immer auf einen respektvollen Umgang zählen. Das bekam die deutsche Bundeskanzlerin Angela Merkel schon mehrfach zu spüren. Als Vizekanzler Franz Müntefering kurz nach Beginn der Großen Koalition mehr Respekt für Frau Merkel einforderte, leistete er ihr – ob bewusst oder unbewusst – einen Bärendienst. Gerade in der internationalen Politik ist Fingerspitzengefühl geboten. Als Frau Merkel den Dalai Lama 2007 ins Bundeskanzleramt einlud, wollte sie ihren Respekt gegenüber Tibet und dessen Forderung nach Autonomie zum Ausdruck bringen. Dieser Akt wurde aber von der chinesischen Regierung als klarer Affront empfunden. Die nachfolgende Trübung der deutsch-chinesischen Wirtschaftsbeziehungen veranlasste wiederum Alt-Bundeskanzler Gerhard Schröder zu einer ziemlich respektlosen Kritik am Verhalten seiner Vorgängerin.

Während die Programme der ebenfalls unter mangelndem Respekt leidenden Politiker meist nur wahltaktischer Aktionismus sind und deshalb verpuffen, nehmen die Menschen, allen voran soziale Randgruppen, in der zunehmend fragmentierten Gesellschaft das Heft selbst in die Hand und fordern Respekt für sich und ihr Anliegen. Internetcommunitys oder -foren ermöglichen ihnen, ihre Botschaften schnell und kostengünstig zu platzieren. Doch je mehr Menschen versuchen, sich Gehör zu verschaffen und mehr Respekt für sich einzufordern, desto größer ist die Gefahr, dass die Anliegen in der globalen Informationsflut untergehen.

Respekt! heißt die Zeitschrift für «Lesben- und Schwulenpolitik». Respect-netz.de macht sich für die Unterstützung von Immigrantinnen stark, während respect-basketball.de für ein faires Miteinander im Basketball wirbt. Respekt fordern auch jene, welche in den Augen einer Mehrheit gar keinen verdienen. Im dänischen Film *Pusher II* spielt der als H&M-Model und durch seine Rolle im James-Bond-Film *Casino Royale* weltbekannt gewordene dänische Schauspieler Mads Mikkelsen einen drogensüchtigen Schläger, auf dessen Hinterkopf das Wort «Respect» tätowiert ist. Weiter gefasst wird der Begriff vom «Institut für Integrativen Tourismus & Entwicklung, einem unabhängigen, nicht auf Gewinn ausgerichteten und international tätigen Verein mit den Schwerpunkten Informations-, Bildungs-, Öffentlichkeits- und Forschungsarbeit zu Themen des Tourismus und der nachhaltigen Entwicklung». Respekt wird auch für das Miteinander der zukünftigen gesellschaftlichen Elite als essenziell betrachtet. Die renommierte Eidgenössische Technische Hochschule (ETH) in Zürich betrachtet Respekt als «Boden für Spitzenleistungen» und hält es offensichtlich für notwendig, diesen mit doch recht deutlichen Worten anzumahnen: «An der ETH arbeiten Menschen aus dem In- und Ausland gleichberechtigt, motiviert, inspiriert – ohne Diskriminierung und Belästigung. Und so soll es bleiben. Respekt beginnt beim einfachen Zuhören und

Ausredenlassen und geht bis zur Wahrung der Intimsphäre von anderen.»

«Respekt» liegt durch alle Generationen hindurch schwer im Trend. Der Verein Street Parade in Zürich kämpfte 2007 mit dem Motto «RESPECT!» gegen den anhaltenden Abstieg in die Bedeutungslosigkeit an. An die Raverinnen und Raver aus aller Welt erging der Aufruf: «Sei vernünftig im Umgang mit Alkohol und Drogen, denn nur so wird die Street Parade unvergesslich bleiben und die anschließende Partynacht lange andauern. Die einmalige Atmosphäre auf den Straßen von Zürich ist viel zu schön, um sie einfach zu ertränken! An der Street Parade ist aber auch der Respekt, den wir anderen Menschen entgegen bringen, wichtig: Seit Jahren ist die absolut friedliche Stimmung eines der Markenzeichen der Parade. Sie demonstriert ‹RESPECT› mit einem gewaltfreien Miteinander – egal welcher Rasse, Hautfarbe, Religion, sexueller Ausrichtung oder Interessengruppe die Menschen angehören.»

Dem erfolgreichen deutschen Radiosender SWR 3 war das Thema «Respekt» wichtig genug, einen ganzen Respekt-Tag durchzuführen. Hörer erzählten von ihrem Verständnis von Respekt und wie sie Respekt beziehungsweise Respektlosigkeit erleben. So universell der Wunsch nach Respekt ist, so unterschiedlich wird er von den Hörerinnen und Hörern im Alltag erlebt. Für Susi, 36 Jahre alt, aus Singen hat «Respekt [...] mit Höflichkeit zu tun, und die nimmt immer mehr ab. Ob das im Ruhebereich der Sauna laute Gespräche, im Kreisverkehr die genommene Vorfahrt oder [...] beim Metzger die Menschen sind, die es so eilig haben, dass sie sich vordrängen, ohne zu fragen.» Andreas, 45 Jahre alt, aus Heidelberg glaubt, dass sein «Chef [...] mit siebzig Jahren [...] der Respektloseste [ist], den ich kenne. Er [...] sagt nicht ‹Bitte› noch ‹Danke›, nicht ‹Guten Morgen› noch ‹Guten Tag›. Lässt keine anderen Meinungen gelten und erwartet von einem alles, wie zum Beispiel länger und am Wochenende unentgeltlich zu arbeiten.»

Mit dem Mangel an Respekt gegenüber ihren Mitarbeitern stellen sich die Vorgesetzten nicht nur ein Armutszeugnis in Sachen Führungsqualitäten aus, sondern vergeben sich auch eine große Gelegenheit, das Arbeitsklima angenehm zu gestalten und die besten Talente an sich zu binden. Einer Studie der Respect Research Group der Universität Hamburg zufolge rangiert Respekt ganz oben auf der Prioritätenliste der Mitarbeiter, noch vor der Bezahlung. Chefs, die ihre Mitarbeiter respektvoll behandeln, sind gemäß dieser Umfrage klar Mangelware.

Kurzum – wie eh und je ist «Respekt» auch im 21. Jahrhundert im Privat- wie im Geschäftsleben ein «Wert der Begierde». Doch die Art und Weise, wie man an diesen Wert gelangt, hat sich im Zuge globaler Einflüsse zum Teil grundlegend verändert. Das folgende Kapitel beleuchtet den Stellenwert von Respekt in dem von kultureller Diversität und Migration sowie neuen Kommunikationstechnologien und deren Konvergenz geprägten 21. Jahrhundert. Dass Respekt in der Beziehung zwischen Mann und Frau, Jung und Alt, Mensch und Tier neuen, sich laufend verändernden Spiel- und Verhaltensregeln unterworfen ist, zeigt Kapitel 3. Respektierte Persönlichkeiten – ich nenne sie in Kapitel 4 «Very Respected Persons» – sind Menschen mit Rückgrat, mit Ecken und Kanten, einer festen Werthaltung und einem starken Willen. In exklusiven Interviews sprechen sie über den Stellenwert von Respekt in ihrem Leben. Kapitel 5 beleuchtet die moderne Web2.0-Geschäftswelt, in der eine Position oder ein wichtiger Titel nicht mehr automatisch Respekt und Autorität mit sich bringen und der von der hierarchischen Unternehmenskultur tradierte Habitus der Respektsperson eher das Gegenteil von Respekt bewirkt. Im Schlusskapitel «Anleitung zum Respekt» dann die positive Nachricht: Auch in Zeiten wachsender sozialer Ungleichheit ist Respekt keineswegs nur der gesellschaftlichen Elite vorbehalten. Und: In unserer pluralistischen Gesellschaft führen viele Wege zum Glück, sprich Respekt. Finden Sie Ihren ganz persönlichen.

2 Globalisierung als Katalysator für Diversität und Annäherung

Die Welt ist bis in ihre Winkel hinein vernetzt. (...) Ein jeder ist TV-Produzent, Journalist und Fotograf der Zeitgeschichte gleichermaßen. (...) **RESPEKT** vor dem Privatleben gibt es nicht mehr.

Sabine Christiansen

Die Welt vor der Zerreißprobe

Obwohl die Globalisierung die Welt insgesamt reicher macht, entsteht ein immer tieferer Graben zwischen Gewinnern und Verlierern. Während in Metropolen der Schwellenländer, in Schanghai oder São Paulo, der Milliardär im Maybach an Besitz- und Obdachlosen vorbei zur Arbeit chauffiert wird, entstehen auch in den industrialisierten Ländern unüberbrückbare Gegensätze. Und selbst wenn sie sich einen Fußballmatch lang am selben Ort aufhalten, haben der Sozialhilfe empfangende Fußballfan und der Oligarch in der VIP-Lounge des Stadions wenig gemeinsam. Die Vermögen von Bill Gates und des mexikanischen Magnaten Carlos Slim belaufen sich auf jeweils circa 60 Milliarden Dollar. Ein Ertrag von jährlich 10 Prozent daraus würde 6 Milliarden Einkommen generieren. Das sind 200 Dollar in der Sekunde und entspricht dem, was ein Durchschnittsamerikaner am Tag oder ein Äthiopier in neun Monaten verdient. Der Ökonom der Weltbank, Branko Milanovic, zeigte auf, dass die Einkommensverteilung in der modernen Gesellschaft jener im alten Rom sehr ähnlich ist. Während zwischen den Globalisierungsmetropolen New York, London und Hongkong – auch «Nylonkong» genannt – die Finanzströme fließen, herrscht beim Grossteil der Menschheit finanziell Dürre. Globalisierung kennt keinen Respekt vor Erreichtem, Besitzständen, Alter, Berufserfahrung oder Firmentreue. Und wenn auch die Menschen in den USA und in Europa weit mehr verdienen, als sie zum Überleben brauchen, bietet die «gefühlte Armut» angesichts der großen Einkommensunterschiede und der Zurschaustellung des Reichtums Zündstoff für Konflikte. Sie löst bei denen, die immer weniger haben, Wut, Verzweiflung und Ohnmacht aus. Innerhalb einer Branche und eines Landes geschehen Dinge, die den sozialen Frieden bis aufs Äußerste strapazieren: Während die Holzarbeiter und Säger in Galax, Virginia, wegen der Verlagerung der Produktion in Entwicklungsländer ihre Jobs verloren – 2006 schlossen alleine drei Fabriken –, wurde am anderen Ende

der Wertschöpfungskette der gescheiterte Chef des Baumarktunternehmens Home Depot, Bob Nardelli, mit einem Paket von
über 200 Millionen in den vorzeitigen Ruhestand verabschiedet.
Statt des Mythos «Vom Tellerwäscher zum Millionär» zeigt das
Land der unbegrenzten Möglichkeiten auf, dass nach unten alles
möglich ist. Nicht die Chance auf schnellen Reichtum, sondern
die Gefahr eines sozialen Blitz-Abstiegs ist die Realität von immer mehr US-Amerikanern. Seit 2001 stagniert der Lohn des
durchschnittlichen Arbeiters, dessen Nettoeinkommen nur halb
so schnell wuchs wie die Produktivität. Einer Studie zufolge haben zwar die meisten Fabrikarbeiter im Zeitraum der achtziger
und neunziger Jahre des 20. Jahrhunderts wieder eine Arbeit gefunden, mussten dafür aber Lohnkürzungen in Kauf nehmen.
Auch in Europa, wo das soziale Netz noch etwas dichter geknüpft
ist, kennt die grassierende Globalisierung keinen Respekt vor
Pfründen. Auf dem alten Kontinent gehen hingegen nicht in der
Produktion die meisten Jobs verloren, sondern die lange Zeit als
sicher geltenden administrativen Jobs. Das Inselparadies Mauritius ist dank seiner Zweisprachigkeit zum Call-Center-Paradies
für international operierende Dienstleistungskonzerne geworden. Europäische Innendienstmitarbeiter, die sich lange Zeit ihres Jobs sicher wähnten, können aufgrund neuester Kommunikationstechnologien durch wesentlich günstigere, flexiblere und
gut ausgebildete Mitarbeiter in Schwellenländern ersetzt werden. Deutschland, das sich lange als Exportweltmeister rühmen
durfte und in dieser Rolle wie kaum ein anderes Land von der
Globalisierung profitierte, hat besonders mit deren Folgen zu
kämpfen. Der Fließbandarbeiter des Automobilwerkes in Rüsselsheim steht heute in direkter Konkurrenz mit seinem Pendant in Osteuropa. Die international renommierten Facharbeiter
setzen sich gegen die Verdrängung durch kostengünstigere
Arbeitskräfte und gegen den Abbau von Rechten zur Wehr. So
führt die Liberalisierung zu einem globalen Kampf um Arbeit
und Lohn.

Was sich näher kommt, will respektiert werden

Verschärft wird dieser Wettbewerb durch einen massiven Anstieg der Migrationsbewegungen weltweit. Die Globalisierung kann dabei auf einen wachsenden Pool an Arbeitskräften zurückgreifen. Nach Angaben des Internationalen Währungsfonds hat sich die weltweite Arbeiterschaft – vor allem seit China und Indien tüchtig in der Weltwirtschaft mitmischen – seit 1980 vervierfacht. Auf der Suche nach besseren Arbeits- und Lebensbedingungen lassen immer mehr Menschen Land und Familie hinter sich. In Zeiten der Massenbewegungen gibt es auch hier Gewinner und Verlierer. Migranten, die aus wirtschaftlichen Gründen das Heil im Ausland suchen, bringen den Immigrationsländern in Nordamerika und Europa meist wirtschaftliche Vorteile. In England ist schon jeder Zehnte ein Immigrant, Tendenz steigend. Wenn infolge der Klimaverschiebung Millionen von Menschen mit Wasserknappheit, Hunger und Überflutung zu kämpfen haben, wird die Erdbevölkerung in Zukunft – ob freiwillig oder gezwungenermaßen – noch stärker zusammenrücken müssen. Wenn die Städte im eigenen Land die Migranten nicht mehr absorbieren können, bleibt nur noch die internationale Migration. Dabei werden ehemalige Auswanderungsnationen wie Griechenland oder Irland zu neuen Einwanderungsländern. Chinesen aus dem dicht besiedelten Osten des Landes suchen ihr Glück in Afrika, und gut qualifizierte Arbeiter aus Südafrika verlassen ihr Land und versprechen sich in England oder in Kontinentaleuropa bessere Chancen. Dass es sich zunehmend um qualifizierte Arbeitskräfte handelt, geht aus einer Untersuchung der Weltbank hervor: Von 52 Millionen Immigranten in zwanzig reichen Ländern haben 36 Prozent einen höheren Abschluss. Mit steigendem Qualifizierungsniveau der Immigranten wächst automatisch der Widerstand der Niedrigqualifizierten im Einwanderungsland. Und obwohl diese Staaten den ins Land fließenden Menschenstrom erstaunlich gut verarbeiten, gibt es gerade auch in wohlhabenden Nationen massive Gegenbewegungen. In den USA ist die Bevölkerung zwischen 2002 und 2006 jährlich um eine halbe Million Menschen angewachsen. Die Zahl der Migranten weltweit wird heute auf 200 Millionen Menschen geschätzt. Den Migrationsgewinnern – gemäß einer OECD-Studie profitieren Migranten durchschnittlich von einer Verfünffachung ihres bisherigen Einkommens – steht ein Heer von Arbeitern gegenüber, das bei diesem Spiel verliert. 2007 boykottierten Aktivisten in den USA einen Gesetzesvorschlag, der die Immigration erleichtern sollte. Und obwohl die USA für ihre Bekenntnisse zu einer liberalen globalen Wirtschaftsordnung und einer multiethnischen Gesellschaft bekannt sind, werden Forderungen nach protektionistischen Maßnahmen laut. Auch im reichen Europa macht man auf höchster Ebene gegen die Einwanderer mobil. In Frankreich gewann der neue Präsident Nicolas Sarkozy teilweise mit seiner Anti-Immigrationspolitik den Wahlkampf, und die Schweizer SVP findet dank ihrer Anti-Ausländerparolen nach wie vor großen Zulauf.

Doch fehlende Gastfreundschaft, Anfeindungen oder Gewalt gegen die «Eindringlinge» können das wachsende Heer nicht von ihrer Suche nach einer besseren Welt abhalten. Dabei suchen die meisten Menschen in den Städten ihr Heil. Das 21. Jahrhundert wird denn auch zum Jahrhundert der Städte und Megacitys werden. Und diese wachsen explosionsartig. War New York Mitte des 20. Jahrhunderts die einzige Stadt der Welt mit mehr als zehn Millionen Einwohnern, ist die Zahl der Megacitys seitdem auf 25 gewachsen. São Paulo, Lagos, Mumbai sind gigantische urbane Auswucherungen – Moloche, deren Anfang und Ende kaum auszumachen sind. Laut einer Prognose der Vereinten Nationen werden 2030 bis zu sechzig Prozent, bis 2050 gar zwei Drittel der zukünftigen Weltbevölkerung, also rund sechs Milliarden Menschen, in urbanen Ballungsräumen leben. Agglomerationen wie Los Angeles haben nichts mehr mit dem traditionellen Verständnis von Stadt zu tun. Es gibt keinen Stadtkern oder zentrale Punkte, an denen sich Menschen zusammenfinden. Bewohner mit unterschiedlicher Hautfarbe, Religion und Hintergrund leben auf engstem Raum zusammen. Unter zunehmendem Druck besinnen sie sich auf ihre eigene Herkunft und Identität. In São Paulo lebt die größte japanische Gemeinschaft außerhalb Japans. Die meisten dieser Exil-Japaner bewegen sich zeitlebens nur innerhalb ihrer Gemeinschaft, sprechen Japanisch und pflegen private wie geschäftliche Beziehungen nur mit ihren Landsleuten. In der für sie so fremd gebliebenen brasilianischen Kultur verteidigen sie ihren Lebensraum und fordern von ihrem Umfeld Respekt für ihre Kultur und Lebensart. Wie die ZDF-Serie «Megacities» zeigte, sind die Lebensumstände gerade in São Paulo unerträglich: «Maria da Lapa ist auch eine Zugezogene. Die 43-Jährige stammt aus dem Hinterland des brasilianischen Bundesstaates Bahia im Nordosten und kam vor sechs Jahren zusammen mit ihrem Mann und den elf Kindern nach São Paulo, auf der Suche nach besseren Arbeits- und Lebensbedingungen. Die Ehe ging schief, und eine fest bezahlte Arbeit hat sie auch nicht gefunden. Maria wohnt mit sechs ihrer Kinder im Zentrum von São Paulo in einem leer stehenden Bürogebäude. Das Haus ist 21 Stockwerke hoch und wurde von der Obdachlosenbewegung besetzt. Zeitweise wohnten dort knapp 500 Familien auf engstem Raum. Die Menschen bauen sich mit Brettern auf den Fluren eine Art Unterkunft, doch eine Privatsphäre gibt es nicht. Die Kinder spielen Fußball in den dunklen Korridoren, das Tageslicht sehen sie selten, denn draußen ist es wegen der Schnellstraße zu gefährlich. Eine Dusche mit kaltem Wasser und ein Klo gibt es pro Etage. Dazwischen stapelt sich der Müll, es gibt Ratten, Kakerlaken, Flöhe.»

Auf wenigen Quadratkilometern leben Arme, Drogendealer, Prostituierte, Obdachlose, Top-Manager, Unternehmer und Superreiche nebeneinander. In endlosen Staus wird die Geduld der Autofahrer 24 Stunden am Tag auf die Probe gestellt. Und auch die Autos werden immer zahlreicher. In diesem Aufeinanderprallen von Gegensätzen auf minimalem Raum werden die Grenzen zwischen den Menschen immer enger gezogen. Neben Toleranz ist Respekt vor der Andersartigkeit gefordert. Auch Menschen, die in äußerster materieller Not und würdelosen Umständen leben, wollen respektiert werden. Die Hoffnung – auch jene auf Respekt – stirbt dabei als Letztes. Doch eine Studie des Harvard-Professors Robert Putnam, derzufolge Immigration und ethnische Diversität die gesellschaftliche Solidarität reduzieren, stimmt wenig zuversichtlich.

365 x 24 – die Welt schläft nie

«I want to wake up in a city that never sleeps», pries der Sänger Frank Sinatra die Einzigartigkeit «seiner» Stadt New York. Im Zeichen der Globalisierung rückt die Welt nicht nur physisch zusammen. Die rasante Entwicklung der Kommunikationstechnologie leistet ihren Beitrag, dass immer mehr Menschen für immer mehr Mitmenschen rund um die Uhr erreichbar sind. Die Verschmelzung von bisher getrennten Kommunikationsnetzen und -dienstleistungen wie zum Beispiel Telefonie mit Internet macht Kommunikation zudem einfacher und billiger. Das Internet hat kostengünstig neue Kooperationsmöglichkeiten zwischen auf dem gesamten Erdball verstreuten Partnern ermöglicht. Was vielen ganz neue Wettbewerbschancen ermöglicht, wird für einige zu einer erhöhten Belastung. Wie es Thomas L. Friedman in seinem Buch *Die Welt ist flach* beschreibt, bieten die neuen Technologien vielen Menschen insbesondere in den Schwellenländern ganz neue Wettbewerbschancen. Immer mehr Dienstleistungsjobs werden aus der «alten Welt» dorthin ausgelagert, wo sie schneller und wesentlich günstiger erbracht werden. «Es herrschte ein höflicher Wettbewerb», subsumiert rückblickend auf die guten alten Zeiten Intel-Chef Craig Barrett. «Heute ist der globale Wettbewerb gnadenlos entbrannt. Schnelligkeit ist zum entscheidenden Erfolgsfaktor geworden. Dieser ständigen Beschleunigung kann sich kaum einer entziehen. «Endlich Feierabend!» und «Mein Wochenende ist mir heilig» passen nicht mehr in den modernen Businessjargon. Selbst Mitarbeiter in den unteren Chargen sind mehr und mehr einem permanenten Druck ausgesetzt.

Das waren noch Zeiten, als wenigstens eine Flugreise gestressten und immer erreichbaren Managern etwas Erholung und Abstand versprach. Keine Anrufe, keine E-Mails. Heute dehnt sich das Office mit Hilfe von Technologien wie «Wireless Lan» und «integrated wide area network data card» bis zum Abflugterminal aus. Sogar in der Luft, wo der Mobilfunk aus Sicherheitsgründen strikt untersagt ist, sind die Geschäftsreisenden zukünftig dank satelittengestütztem Internetdienst problemlos erreichbar. Kein Respekt mehr vor dem Nickerchen oder dem Hollywoodfilm also. Auch die Zusammenarbeit mit Kollegen, die sich zum selben Zeitpunkt auf Reisen befinden, wird künftig möglich sein. Selbst Konferenzgespräche werden mithilfe von Technologien wie jener des Anbieters Vello möglich. Aber auch am Boden wird die ständige Erreichbarkeit zelebriert und auf der anderen Seite als Respektlosigkeit empfunden. Hemmungslos beantworten Besucher während des Tschaikowsky-Konzerts SMS, und an der Silvesterfeier klinken sich die Gäste aus, um Neujahrsgrüße in die ganze Welt zu versenden.

Während mit der Ausbreitung des Internets und den neuen technologischen Möglichkeiten des Web 2.0 immer mehr Kommunikationsbarrieren fallen und jeder kostengünstig und schnell an die ihm wichtigen Informationen gelangt, wächst die Gefahr der Datenkriminalität, Spionage und des Missbrauchs von Informationen am Arbeitsplatz sowie das Bestreben nach Regulierung. Es gibt wenige Großunternehmen, die im freien Datenfluss und Austausch von Informationen kein Risiko sehen. In Servern wird

der Datenverkehr insbesondere von leitenden Mitarbeitern gespeichert, um eventuellen Missbrauch zu überwachen oder zu re-
konstruieren. Kritiker bezeichnen den weltgrößten Suchmaschinenbetreiber Google aufgrund seiner einzigartigen Intelligenz
im Umgang mit Daten deshalb auch als «CIA des Internetzeit-
alters». Während noch bis in die achtziger Jahre des letzten
Jahrhunderts die schriftliche Geschäftskommunikation zwischen Sender und Empfänger via Briefpost – und somit sicher
vor den Augen Unbefugter – erfolgte, werden heute täglich hun-
derte Millionen von E-Mails und SMS an noch mehr Empfänger
in der ganzen Welt verschickt. Information wird dadurch zum
Allgemeingut, das sich vom Absender kaum kontrollieren lässt.

Wir geben nicht nur immer mehr Informationen von uns preis,
die Kreditkartenunternehmen und Betreiber von Kundenbin-
dungs- und Loyalitätsprogrammen wissen dank einer Langzeit-
analyse meist mehr über unsere Verhaltensmuster als unsere
nächsten Angehörigen. Sehr unbekümmert gewähren insbesondere Jugendliche auf Web-2.0-Innovationen wie Facebook und
MySpace Zugang zu ihrer Privatsphäre. Legitimiert durch den
weltweiten Kampf gegen den Terrorismus nutzt die US-ameri-
kanische Bundespolizei FBI die Gunst der Stunde, die größte
jemals dagewesene Datenbank für biometrische Personendaten
zu schaffen; für eine Investitionssumme von einer Milliarde Dollar. Diese Datenbank soll dem FBI ermöglichen, Bundesbürger
und Ausländer mittels ihrer physischen Merkmale wie Finger-
abdrücke oder Scans der Augen-Iris zu identifizieren. Unter
dem Namen «Next Generation Database» sollen zukünftig möglicherweise auch charakteristische Bewegungs- und Sprachmus-
ter von Menschen gespeichert werden. Die Verbindung mit anderen Datenbanken ermöglicht es problemlos, die Daten auch für
andere zweckentfremdete Einsätze zu benutzen. Auf Seiten von
Datenschützern oder internationalen Regierungen rührt sich
kaum Widerstand.

Aber auch im täglichen Internetgebrauch werden unsere Wege von unsichtbaren Überwachern verfolgt. Sogenannte «Cookies» verfolgen unser Online-Verhalten. Respektlos werden wir mit Spam-Mails bombardiert. Dabei verkommen ethische Prinzipien der Internetgiganten immer öfter zu toten Buchstaben. Noch im Jahr 2005 nahm Google von einer möglichen Akquisition von DoubleClick Abstand, da diese intensiv mit Cookies arbeiten. Google sah darin eine klare Verletzung seines ethischen Imperativs «Don't be evil».

Schicksalsgemeinschaft Netzwerk

«Ich netzwerke, also bin ich», lässt sich das Lebensmotto der Internetgemeinschaft frei formulieren. Wer nicht Teil einer Community ist, gehört unabhängig vom Alter zum alten Eisen. Wer Mitglied ist, wird durch Einladungen neuer Mitglieder ständig daran erinnert. Wer eine Einladung nicht annimmt, den plagt ein latent schlechtes Gewissen, dadurch einen vielleicht wichtigen Kontakt verpasst zu haben. Web 2.0 schafft nicht nur große Freiheiten und neue Möglichkeiten, es hat auch keinen Respekt vor den alten Gewohnheiten beim Internetkonsum oder Networking. Das Miteinander im virtuellen Kosmos hat seine eigenen Regeln. MySpace, Facebook und andere Online-Networking-Sites sind gigantische Maschinerien, die täglich um Tausende von Benutzern wachsen. Diese virtuellen Plätze bieten eine gute Möglichkeit, Privates preiszugeben. Innerhalb weniger Minuten lassen sich ökonomisch interessante Bekanntschaften schließen und wieder brechen. Dank ihrer Beliebtheit haben sich die Sites zu gigantischen Werbeplattformen entwickelt, die ihren Besitzern, oft Medienmogule aus der alten realen Welt, große Einkünfte versprechen. Während jedes Netzwerk relativ autonom funktioniert, gibt es unter dem Stichwort «applications programming integration» Bestrebungen zur Integration und damit Erweiterung des Marktplatzes. Google will sich zukünftig für mehr

Schnittstellen zwischen den einzelnen Netzwerken einsetzen. Personenbezogene Daten könnten dann leichter im Universum des Internets ausgetauscht werden. Der freizügige Umgang vieler Benutzer mit ihren persönlichen Daten bietet jedoch Angriffsmöglichkeiten für Widersacher. Eine Untersuchung von Englands *Identity Fraud Prevention Week* (Zeitschrift zum Schutz des Missbrauchs der Identität) zeigt, dass 83 Prozent der Anwender ihren vollen Namen preisgeben, 38 Prozent ihr Geburtsdatum und 63 Prozent ihre E-Mail-Adresse publik machen. Wie im realen Leben gilt auch hier: Je mehr ich über eine Person weiß, umso mehr kann ich ihr auch schaden. Längst ist das Internet kein Spielfeld mehr für friedliebende, harmoniebedürftige Menschen. Der respektvolle Umgang der Anfangszeiten gehört längst der Vergangenheit an. Auf der Seite enemybook.info kann man Feinde als solche bezeichnen und mit den Feinden seiner Feinde einen Pakt eingehen. Die Virtualität senkt auch die Hemmschwelle für Attacken. Eine rasant wachsende Zahl an Opfern von Rufschädigungen, Beleidigungen und Verleumdungen findet Zuflucht auf internetvictims.de, einer Initiative gegen Rufschädigung und Verleumdung im Internet. Andererseits hat die Anonymität des Internets gerade bei Herzensangelegenheiten auch Vorteile. Wer im wirklichen Leben einer unbekannten Frau an einer Bar Avancen macht, muss mit einer Abfuhr rechnen. Online-Dating-Seiten erlauben den Nutzern ein respektvolles Herantasten an den potenziellen Traumpartner. Während der Partnersuchende an der Bar nur das Äußere beurteilen kann, lassen sich die Partner virtuell anhand verschiedener Parameter vorselektionieren.

Mit der Freiheit, alles sagen zu können, ungeniert über Gott und die Welt zu debattieren und Halbwissen anonym zu streuen, fällt der Respekt vor dem Wissen und den gesellschaftlich legitimierten Wissensträgern. In einem Interview im *Spiegel* beschreibt der Kommunikationswissenschaftler Norbert Bolz: «Die einfache

Orientierung an klassischen Autoritäten bricht zusammen. Man nimmt Politikern ihr Besser-Wissen nicht länger ab. Auch bei Anwälten und Medizinern ist die Erosion ihrer Autorität unendlich weit fortgeschritten. Für Ärzte ist das eine Katastrophe: Ihre Patienten sind auf einmal bestens informiert, fragen und fordern. Überhaupt sind alle, die mit Wissen umgehen, diesem Erosionsprozess ausgesetzt. An die Stelle von Autorität tritt dieses eigentümliche, breit gestreute, selbst kontrollierte Netzwerkwissen.» Dieser Erosionsprozess macht auch vor der Wissenschaft und Akademie nicht halt. Innerhalb kürzester Zeit gelangt heute jeder online an weltweite Studien zu irgendwelchen Themen. Während früher der Besitz wissenschaftlichen Wissens in Form von Studien und Untersuchungen den Professoren und Lehrstühlen vorbehalten war, wird Wissen heute zum Allgemeingut. Mit Wissensanbietern wie Wikipedia wird klar eine anti-elitäre Haltung gepflegt und gefördert: Jeder ist zum Mitschreiben und Mitbenutzen eingeladen. Bewusst zollt man den Experten keinen Respekt. Mit dieser Ent-Elitarisierung geht aber auch eine abnehmende Qualität einher, unter der die Glaubwürdigkeit von Wikipedia & Co. leidet. In seinem Artikel «Web 0.0» in der *Süddeutschen Zeitung* beschreibt Bernd Graff die Entwicklung von «User Generated Content» hin zum «Loser Generated Content».

Dass neue Kommunikationsforen wie die Internetseite YouTube. com sogar Kriminellen weltweit Respekt verschaffen und damit deren Selbstwertgefühl verbessern können, zeigt das folgende Beispiel. Im August 2006 tauchte auf der Plattform ein Video auf, in dem 1600 Häftlinge eines philippinischen Gefängnisses sich ihren Frust von der Seele tanzen. Mit diesem Tanzprogramm hatte der Erfinder Byron Garcia die Häftlinge diszipliniert und deren kriminelle Energie in kreative umgewandelt. Gegenüber dem *ARD-Weltspiegel* bekannte ein Inhaftierter: «Wir bekommen jetzt mehr Respekt von den anderen. Aber wichtiger ist, dass mich das Tanzen glücklicher macht. Ich denke dann nicht mehr an meine Probleme.» Der Sohn eines Inhaftierten, der die Existenz seines Vaters lange Zeit geleugnet hatte, sagt heute stolz: «Mein Vater ist ein Tänzer.»

3 Respekt und die Sehnsucht nach alten Werten

Vor Leuten, die man **RESPEKTIERT**, hat man Hochachtung. Man blickt zurück auf das, was sie in der Vergangenheit geleistet haben.

Silvano Beltrametti

Die anhaltende Flut an neuen Büchern über die Renaissance alter Werte zeigt, dass Ehrlichkeit, Solidarität, Gerechtigkeit, Selbstverantwortung und Pflichtgefühl wieder en vogue sind. Angesichts des moralischen Verfalls und in der unberechenbaren Strömung der Globalisierung, in der weder privat noch beruflich etwas Bestand zu haben scheint, sehnen sich die Menschen nach einem Anker. Die Unverbindlichkeit, das Fehlen einer Wertegemeinschaft sind Ausdruck einer Freiheit, mit der viele überfordert sind. Es stellt sich allerdings die berechtigte Frage, ob diese Werte tatsächlich nicht gelebt werden und ob wir im Rückblick die «gute alte Zeit» – immerhin tobten Weltkriege, und diese löschten Millionen von Menschenleben aus – nicht nostalgisch verklären. Wie erleben die Mid-Twentys, Kinder aus Patchwork-Familien und die Internet-Generation das Zusammenleben zwischen den Menschen? All diesen Gruppen und Generationen gemeinsam ist der Wunsch und die explizite, teilweise lautstarke Forderung nach Respekt. Laut eines Berichts im *Stern* verliert «Respekt» unter allen anderen Werten im Zusammenleben der Menschen am meisten an Beachtung. Respekt – jeder will ihn, er kostet nichts und dennoch ist er für kein Geld der Welt zu haben. Dabei hebt sich Respekt nicht nur aufgrund der Gegenseitigkeit und dem Spiel zwischen Nähe und Distanz von anderen klassischen Werten ab: Während der Wunsch nach Solidarität, Ehrlichkeit, Fairness oder Sparsamkeit eher von Menschen geäußert wird, die sich im Sockelbau der gesellschaftlichen Pyramide befinden, steht «Respekt» für Arm und Reich, für Mächtige wie Ohnmächtige, für Schwarze und Weiße, Afrikaner und Europäer gleichermaßen auf der Wunschliste. Respekt und der Wunsch danach begegnen uns täglich. Wir sorgen uns um die Zerstörung der Zivilgesellschaft, wachsende Gewalt auf den Straßen, mangelnde Sicherheit an Schulen, Eingriffe der Presse in das Privatleben, Belästigungen am Arbeitsplatz. Täglich erleben wir Respektlosigkeit und den Mangel an Respekt vor Autorität, Hierarchie, Eigentum, dem Gesetz, nationalen Symbolen oder Institutionen. Doch Respekt ist nicht gleich Respekt. Die Tatsache, dass mir beim Einkaufen die Tasche nicht aus der Hand gerissen wird, zeugt von einem Minimum an Respekt gegenüber meiner Person und meinem Eigentum. Je nachdem, wie stark ausgeprägt mein Respekt für mein jeweiliges Gegenüber ist, umso größer und wichtiger erscheint dieser in meinen Augen und vice versa. Es ist ein entscheidender Unterschied, ob ich die Menschen im mir fernen Afrika aufgrund ihrer bloßen Existenz, meinen Nachbarn für seine Arbeit und Leistungen als Familienvater oder Albert Einstein für seine bahnbrechende Relativitätstheorie respektiere. Ich kann Respekt vor der Natur, als Mitarbeiter vor meinem Chef, als Sohn oder Tochter vor meinen Eltern und als religiöser Mensch vor der Schöpfung haben. Respekt ist immer eine Beziehung zwischen einem Subjekt und einem Objekt, zwischen mir und einem Gegenüber. Dabei ist Respekt (*lat.* respectus, «das Zurückblicken, das Sichumsehen, die Rücksicht») immer auf die Vergangenheit und auf erbrachte Leistungen bezogen und wird eher vom Objekt generiert. Mein Gegenüber verdient ihn aufgrund seiner schieren Existenz oder eindrücklicher Leistungen wegen. Wir respektieren ein Objekt oder einen Menschen für etwas, unabhängig von individuellen Interessen, Zielen oder Wünschen. Der Berghang ist steil, weshalb ich ihn als erfahrener Skifahrer respektiere. Ich respektiere Roger Federer für seine einmalige Siegesserie und muss ihn dafür weder persönlich kennen noch mögen. Aufgrund dieser Distanz zum Objekt kann ich Dinge respektieren, die ich nicht mag oder gar hasse, wie beispielsweise meine Feinde.

Respekt hat auch eine stark moralische Komponente. «Handle stets so, dass die Maxime deines Willens jederzeit zugleich als Prinzip einer allgemeinen Gesetzgebung gelten könnte.» Was wäre «Respekt» ohne den Philosophen Kant, der Respekt untrennbar mit der menschlichen «Würde» gleichsetzt? Unabhängig von Rasse, Herkunft und Leistungen hat jeder Mensch eine

Würde. Die moralische Antwort heißt Respekt. Andere Dinge haben einen Preis, aber Menschen haben eine Würde. Während einige Menschen einen bestimmten Status, eine Position und sonstige Annehmlichkeiten genießen, ist Würde ein absoluter und unvergleichlicher Wert. Menschen zu respektieren, heißt, sie bedingungslos als Wert an sich zu betrachten. Dabei zählen für Kant im Umgang mit Respekt nicht nur Taten, sondern auch die Einstellungen und Werteprioritäten, die hinter den Taten stehen. Laut Kant verdienen die Menschen nicht deshalb Respekt, weil sie zur biologischen Spezies des Homo sapiens gehören, sondern weil sie als rationale Lebewesen des moralischen Handelns fähig sind. Respekt ist nicht etwas, das Individuen sich verdienen müssen, sondern etwas, das ihnen zusteht – oder zustehen sollte –, einfach weil sie rationale Lebewesen sind.

Doch so tolerant und universell das Verständnis von Respekt auch sein mag, es stößt an seine Grenzen: Wenn ich jemanden respektieren soll, dann bewahre ich eine gewisse Distanz zu ihr oder ihm, was wiederum ein tieferes Verständnis seiner Persönlichkeit, seiner Überzeugungen, Freuden und Ängste verhindert. Empathie, Liebe und Mitgefühl setzen zwar Respekt voraus, müssen aber weit darüber hinausgehen. Mit Respekt hingegen kann das eigene Verhalten legitimiert werden, selbst wenn es unmenschlich, verbrecherisch oder illegal ist. Die Nazi-Schergen waren wohl derart im Respekt vor Hitler erstarrt, dass es ihnen nie in den Sinn gekommen wäre, die Rechtmäßigkeit ihres eigenen Verhaltens im Dienste des Nazi-Regimes zu hinterfragen. Diesen Aspekt von «Respekt» setzt die gesellschaftliche Elite gezielt für sich ein. Während Politiker und Manager auf Solidarität oder gesellschaftliche Gerechtigkeit verzichten können, können sie gar nicht genug «Respekt» bekommen. Denn ein Mehr an Respekt wird mit Status und dem Leistungsprinzip in Verbindung gebracht. Fälschlicherweise wird Respekt von vielen Menschen einseitig als «respektiert werden» interpretiert: «Ich ver-

diene es, respektiert zu werden, weil ich es in meinem Leben zu
etwas gebracht habe.» Doch nachhaltiger zwischenmenschlicher
Respekt ist – anders als beim einseitigen Respekt gegenüber der
Natur oder der Schöpfung – immer ein zweiseitiger interaktiver
Prozess. Ich erweise dir Respekt und erwarte wiederum Respekt
von dir. «Wie du mir, so ich dir.» In dieser «Beziehung auf Augenhöhe» besteht eine Symmetrie zwischen dem, der Respekt erweist, und dem, der Respekt erfährt. Doch ähnlich wie im Falle
der Maslowschen Bedürfnispyramide bestehen zwischen Menschen unterschiedliche Formen des Respekts. Das grundlegende
Bedürfnis jedes Menschen, unabhängig von Rasse, Hautfarbe
oder Herkunft, als solcher respektiert zu werden, lässt sich in
feinen Abstufungen immer weiter steigern. Je nach persönli-
chem Anspruch wollen Menschen für ihre Arbeit, ihre soziale
Vernetzung oder ihr Lebenswerk respektiert werden.

Übertierischer Respekt

Während die Weltöffentlichkeit von Genoziden und Bürgerkrie-
gen abgestumpft ist, erleben zu Haustieren domestizierte Lebewesen einen «übertierischen» Respekt. In der Tat nimmt 15 000
Jahre nach der Domestizierung des Wolfes der Umgang mit
Haustieren skurrile Formen an. Das chinesische Jahr der Ratte,
das am 7. Februar 2008 begonnen hat, führte zu einem Ansturm
auf Moskaus Zoofachgeschäfte. Dank der Begeisterung für den
Mondkalender aus dem Nachbarland waren Ratten innerhalb
nur weniger Stunden vergriffen. Auch im Film *Ratatouille,* dem
neuesten Produkt des Animationsstudios Pixar, ist eine Ratte die
zentrale Figur, die dank ihrer feinen Nase zum Gourmetchef be-
fördert wird. «Ratten sind unverwüstlich, sie verdienen Respekt», ließ denn auch der Oscar-prämierte Regisseur Brad Bird
gegenüber der Nachrichtenagentur dpa verlauten. «Wenn wir
alle so gut behütet wären wie Haustiere, ginge es uns allen gut»,
sagt Melody Lewis, Gründerin von PetLondon, einem Online-

Handel und Vertrieb. Hier finden Besitzer von Hunden, Katzen und anderen Haustieren alles, was das Herz begehrt – von T-Shirts, Basketball-Shirts, Polo-Hemden, Halskettchen, Stiefelchen bis hin zum Hundesmoking zum Preis von 99,99 Pfund. Der wachsende Kult um «pets» in den USA hat denn auch zu einem Wandel in der Benennung der Tiere geführt. Statt von «Menschen» und «Tieren» wird jetzt in manchen Kreisen von «menschlichen» und «nicht-menschlichen Tieren» gesprochen. «Pet» weicht heute immer mehr dem weniger herablassenden «companion animal», was schon fast eine Beziehung unter Gleichen impliziert. Im Bundesstaat Rhode Island und weiterer Städte, darunter auch San Francisco, heißen die «pet owner» neu «pet guardians», womit der Respekt vor den Tieren zum Ausdruck gebracht werden soll. Der Mensch besitzt also sein Haustier nicht, sondern behütet es lediglich. In England und Wales schreibt ein neues Tierfürsorgegesetz nicht nur ein angemessenes Umfeld, eine passende Diät und den Schutz vor Verletzungen und Krankheiten vor, sondern auch die Berücksichtigung der emotionalen Bedürfnissen der Tiere. Bei Nichteinhaltung der Vorschriften drohen Geldstrafen bis zu 20 000 Pfund. Hinter dieser Entwicklung steht die Einsicht, dass Tiere wenig von uns Menschen unterscheidet – sie haben die Fähigkeit, Schmerz, Trauer und Einsamkeit zu empfinden, und sehnen sich nach Freiheit und nach der Gemeinschaft mit ihresgleichen. Doch obwohl wir Tiere immer besser und gleichberechtiger behandeln, stellt sich die grundsätzliche Frage, ob wir sie mit der Domestizierung nicht ihrer natürlichen Lebensweise berauben. Wir bestimmen mit, wann sie fressen, wann sie das Haus verlassen und wann sie die Gelegenheit zum Koitus bekommen. Während Kinder die Chance haben, sich irgendwann aus unserer Kontrolle zu befreien, sind Haustiere bis zu ihrem Lebensende von uns abhängig.

Doch Tierschützer machen sich über gegenläufige Tendenzen größere Sorgen. In Deutschland beispielsweise wächst die Zahl

der Versuchstiere bedenklich. Laut Auskunft des Bundesagrar-
ministeriums wurden 2006 mehr als 2,5 Millionen Wirbeltiere
für Versuche und andere wissenschaftliche Zwecke missbraucht.
Dabei ist die Entwicklung einer «Zweiklassengesellschaft» unter
den Tieren zu beobachten: Mit Abstand die meisten Versuche
wurden an Nagetieren (2,1 Millionen verwendete Tiere) voll-
zogen, gefolgt von Fischen. Demgegenüber wurden nur gut 4000
Katzen und 566 Hunde für Tierversuche missbraucht.

Dass die Liebe zu Tieren auch ins Negative kippen kann, zeigt
sich am neuen Krankheitsbild des «animal hoarding». Die an dieser relativ neuen Anomalie erkrankten Menschen sammeln
Hunde, Katzen und andere Tiere und pferchen sie oft auf engstem Raum zusammen. Statt zu erkennen, dass die Tiere leiden,
sind diese Menschen von einem missionarischen Sammeleifer
getrieben. Sie halten sich für Tierfreunde oder gar Tierschützer
und nehmen immer mehr Tiere auf, die sich wiederum unkon-
trolliert vermehren. Gleichzeitig ist die hygienische und ärzt-
liche Versorgung schlecht. Noch drohen in Westeuropa bei Tier-
missbrauch keine so drakonischen Strafen wie in Nepal oder
Indien, wo Kühe als heilige Tiere gelten und deshalb nicht ange-
tastet werden dürfen. 2006 wurde eine fünfzigjährige Nepalesin
für das Schlachten einer Kuh zu einer zwölfjährigen Haftstrafe
verurteilt.

Respect? Y should I?

Bei der Generation Y – der Generation der zwischen 1978 und
1994 Geborenen – scheint wirklich alles ein bisschen anders zu
sein. Allein die Vielzahl der Bezeichnungen – Net Generation,
iGeneration, Second Baby Boom, Google Generation – zeigt,
dass diese Gruppe schwer zu fassen ist: Zwar beschweren sich
die «Alten» schon seit eh und je über die «Respektlosigkeit der
Jugend», doch im Umgang mit dieser Generation scheinen die

Erwachsenen mit ihrem Latein schnell am Ende zu sein. Gegenüber geburtenstarken Jahrgängen mit drei, vier oder mehr Kindern pro Familie sind in der Generation Y viele Einzelkinder vorzufinden. Verzichten oder teilen sind nicht ihre Stärken. Die Generation Y will respektiert werden, sie ist hochgradig mobil, risikofreudig und anspruchsvoll. Dank dem Internet weltweit verbunden und flink im Austauschen von Erfahrungen, erweist sie sich als eine sehr heterogene Gruppe. Während die Nachkriegsgeneration oder die Generation X weltweite wirtschaftliche Höhen und Tiefen wie die Ölkrise der siebziger Jahre oder den Börsencrash von 1987 als gemeinsame globale Erfahrungen erlebte, haben die Vertreter der Generation Y je nach Geburtsort sehr unterschiedliche Erfahrungen gemacht. Deutschland machte beispielsweise eine schwierige wirtschaftliche Periode mit hoher Jugendarbeitslosigkeit durch, während in Australien gleichzeitig die Wirtschaft boomte.

Während die Alten partout nicht alt werden wollen, dehnt die Generation Y die Teenagerzeit scheinbar nach Belieben aus. Entsprechend heiraten sie immer später. Seit 1980 ist das Durchschnittsalter der Paare bei der Eheschließung um über sechs Jahre gestiegen. Statt sich früh zu binden und Verpflichtungen einzugehen, ist diese Generation auf Qualität bedacht. Sie sind zwar bereit, hart zu arbeiten, wollen dabei aber eine möglichst hohe Kontrolle behalten und Leben sowie Karriere selbst bestimmen. Eine weltweite Umfrage der Beratungsgesellschaft KPMG förderte eine weitgehende Übereinstimmung zwischen den Befragten zutage: «Flexible Arbeitsplatzgestaltung steht bei mir auf Platz eins. Wenn ich vierzig Stunden pro Woche arbeiten soll, möchte ich mir das so einrichten können, wie es mir gefällt», sagt eine Befragte aus Sydney. Ein junger Mann aus New York meint: «Der Grund, warum ich dabei geblieben bin, lautet ‹Flexibilität› […], mein Unternehmen ist sehr flexibel. Wenn bei mir ein Notfall einträte, würde ich zu Hause arbeiten.» Die hohe Arbeitsbelastung wird durch den Zwang nach ständiger Erreichbarkeit verstärkt. Auf dem Planeten verstreute Arbeitsteams der globalen Konzerne kommunizieren ungeachtet der Zeitzonen ständig miteinander. Ein Befragter aus London dazu: «Die Work-Life-Balance hat sich geändert. Wir haben viel Geld, aber wenig Zeit: Ich arbeite abends bis halb oder viertel vor acht, ohne zweimal nachzudenken. Als ich meinem Vater einmal sagte, wie viel ich arbeite, hat es ihn beinah umgehauen.» Respekt gegenüber Vorgesetzten oder Titeln ist Schnee von gestern. Eine Ausnahme scheint hier einmal mehr Japan zu sein, das für den hohen Stellenwert von Respekt gegenüber Vorgesetzten bekannt ist: »In einem Unternehmen muss man tun, was der Chef will», sagte ein Befragter aus Tokio. In allen Städten, so das Ergebnis der Studie, wollen die Jungen wissen, was läuft. Sie fordern Transparenz und ein Mitspracherecht bei der eigenen Karriere. Dabei haben sie ein unverkrampftes Verhältnis zu Geld: «Es stimmt, dass ich nicht sehr altruistisch bin. Wenn ich mich nach einem Job umsehe, dann natürlich nach einem, wo es mehr zu verdienen gibt», gesteht ein Befragter aus London unverhohlen.

Die Generation Y ist nicht nur eine Generation, sondern eine Geisteshaltung. Ihre Vertreter fordern ihre Belohnung ein, und zwar sofort! Sie scheren sich nicht um das alte Paradigma, «arbeite und verdiene dir deine Sporen». Gemäß dem Generation-Y-Experten Peter Sheahan hat diese Generation keine Arbeitsethik. Da ist der Konflikt vorprogrammiert. Hat gemäß einer anderen Studie Respekt für alle Generationen oberste Priorität, besteht bei der Generation Y der entscheidende Unterschied darin, dass sie Respekt nicht von der Position, der Größe oder Lage des Büros oder von grauem Haar abhängig macht. Ihre Vertreter respektieren Authentizität, Erreichtes und Kompetenz. Diese Generation kennt keine Zeit ohne Mobiltelefone, Pager, Fax, Kabelfernsehen, PCs, DVDs oder CDs. Dank ihres schnellen Zugangs zu Informationen wissen sie bestens darüber Bescheid, was in der Welt passiert. Der Chat-Room-Buddy, den sie persönlich nie gesehen haben und sehr wahrscheinlich nie treffen werden, steht ihnen vielleicht näher als die Tante oder der Nachbar, der im selben Haus wohnt. Nicht erfassend, wer hier heranwächst, bezeichnen ältere Generationen die Generation Y oft voreilig als respektlos. Wer niemandem über dreißig traut, dem fällt es schwer, Ältere zu respektieren. Dabei wollen sie nur ihrerseits als Gleichwertige respektiert werden. Sie begegnen Älteren auf Augenhöhe, verwenden eher Vornamen als «Sie» oder «Herr» oder «Frau». Und obwohl sie sich kaum von irgendetwas oder irgendjemandem beeindrucken lassen, schätzen sie Ältere und respektieren deren Lebenserfahrungen. Oberstes Gebot für ältere Generationen: «Respektiere die Kinder der Generation Y, indem du sie nicht langweilst.»

Silver Surfer oder altes Eisen?

Während die Schwellenländer nicht nur wirtschaftlich, sondern auch demografisch boomen, leidet Europa an einer Überalterung der Gesellschaft. Dank einer hartnäckig tiefen Geburtenrate verbunden mit einer hoch entwickelten medizinischen Versorgung, einer gesunden Lebensweise, Bewegung und Sport prägen Senioren statt spielende Kinder unser Straßenbild. Im Jahr 2020 wird mehr als ein Drittel der europäischen Bevölkerung über fünfzig Jahre alt sein. Mit dem Rückgang der Erwerbsbevölkerung entsteht ein massiver zusätzlicher Finanzierungsbedarf bei der Altersvorsorge. Gemäß Schätzungen des Thinktanks Avenir Suisse wird die Umverteilung von Jung zu Alt im Jahr 2030 allein in der Schweiz zehn Milliarden Franken betragen. Während sich Kinder in unserer Gesellschaft zum Luxusgut entwickeln, werden die Alten pauschal als Last empfunden.

Doch was ist alt? 50, 60, 70, 80, 90 oder gar 100 Jahre? Beginnt
«Altsein» in der Kategorie «50+», mit der ersten Rentenzahlung
oder wenn der Opa nicht mehr alleine auf die Toilette kann? Diese
undifferenzierte Betrachtung versperrt uns den Blick vor den großen Chancen dieser demografischen Entwicklung. Schon im römi-
schen Reich hatte der Ältestenrat, der «Senat», das Sagen. Und
auch bei uns ist heute die Erfahrung der Senioren nicht mehr
wegzudenken. Selbst Marketingexperten kommen an der Ziel-
gruppe der Alten nicht vorbei, haben jedoch Mühe, sich in sie hineinzuversetzen. Die Konsequenz sind so peinliche Kampagnen
wie «Greis ist geil». Der weitverbreitete mangelnde Respekt vor
dem Alter macht sich zum Beispiel bemerkbar, wenn man einem
jungen Spund die Betreuung eines sechzigjährigen Private-Ban-
king-Kunden überlässt, der weder punkto Berufs- und schon gar
nicht punkto Lebenserfahrung mit seinem Gegenüber mithalten
kann. Mangelnder Respekt kommt auch zum Ausdruck, wenn
man Alte als «Behinderte» darstellt oder Alter als Krankheit,
Last oder Makel stigmatisiert. Dabei geht es in der abstrakt ge-
führten Diskussion um Alte meist um die Finanzierung der Pen-
sionen, um Pflege und die Sicherung der Altersvorsorgesysteme,
kaum aber um die Gefühle und Befindlichkeiten einer Generation
sowie um deren Wunsch nach Anerkennung ihrer persönlichen
Leistungen. Dies wird deutlich in einem Streitgespräch in der
Süddeutschen Zeitung zum Thema «Die Zukunft der Pflege». An-
gesprochen auf die Probleme der Umlagefinanzierungen, bei der
die Jungen für die Alten zahlen, stellte Norbert Blüm, der ehemalige deutsche Bundesminister für Arbeit und Sozialordnung, die
provokative Frage: «Hätten wir die Alten auf den Mond schießen
sollen?»

Doch die «Silver Surfer» und «Golden Agers» kontern selbstbewusst. Statt sich ob der unwirtlichen Stimmung in der Gesellschaft verschämt zurückzuziehen, sind die Senioren aktiv, wäh-
lerisch und offen für Neues. 25 Prozent der kürzlich in den USA

lancierten Apple iPhones – der Inbegriff von Coolness – sind von Menschen über fünfzig Jahren gekauft worden. Es entsteht immer mehr der Eindruck, dass nicht die 50+ stehen geblieben sind, sondern die jüngeren Generationen, die ihnen etwas verkaufen wollen. Während die großen Konzerne sich um Marktanteile bei den hippen Generationen X oder Y balgen, entgeht ihnen eine wichtige Tatsache: Die Altersgruppe der 18- bis 49-Jährigen wird in den USA nur um eine Million zunehmen, die Generation 50+ aber um über 20 Millionen. Während man das Klischee des Rentnerpaars im Kopf hat, das seinen Lebensabend isoliert in einer stickigen 2-Zimmerwohnung absitzt, entwickeln immer mehr betagte Singles – angesichts einer hohen Scheidungsrate und einer nachlassenden Bedeutung von traditionellen Netzwerken wie Kirchen und Großfamilie – eigene Aktivitäten in den virtuellen sozialen Netzwerken. Aber auch geschäftlich bleiben die «Alten» am Ball. Nicht nur bei personellen Engpässen greifen immer mehr Konzerne auf deren Erfahrung und Professionalität zurück. Zudem sind sie zuverlässig, diszipliniert, müssen es niemandem mehr beweisen und treiben deshalb keine Spielchen. Immer mehr Senioren nehmen im hohen Alter ganz neue berufliche Herausforderungen an. Das amerikanische Businessportal Inc.com zeichnete jüngst die «coolest bosses over 80» aus. Darunter befindet sich auch Jack Weil, der 106-jährige CEO von Rockmount Ranch Wear. Anders als sein bereits pensionierter Sohn sitzt Jack Weil jeden Morgen im Geschäft und begrüßt die Kunden.

Doch obwohl die «Alten» wieder vermehrt selber bestimmen, wo's lang geht, und einen vollen Geldbeutel haben, werden sie in den westlichen Gesellschaften nicht immer gebührend respektiert. Aus einer Umfrage des englischen *Sunday Mirror* geht hervor, dass die Hälfte der über 65-Jährigen sich vernachlässigt fühlt und unter diskriminierenden Bezeichnungen wie «alte Pensionäre» leidet. Die Zeitung lancierte daraufhin eine Respekt-Kampagne für die Senioren. Schon 1999 verkündete die Toronto

Seniors' Task Force unter dem Titel «Rebuilding RESPECT» ihre Vision: «Toronto wird eine der führenden Städte betreffend Lebensqualität für Senioren. Toronto soll als *die* Stadt gelten, die sich um die Senioren sorgt und deren Beitrag zum Leben in der Stadt respektiert.»

Während der Westen dem Jugendwahn verfallen zu sein scheint, hat Respekt vor dem Alter in anderen Völkern durchaus Tradition. Nicht nur bei Indianern oder Aborigines sind der Zusammenhalt im Clan und der Respekt vor den Älteren zentral. Besonders in Japan fristen die Alten kein Schattendasein. In keinem anderen Land gibt es so viele alte Menschen und kommen so wenige Junge nach. Wo Frauen mit einer durchschnittlichen Lebenserwartung von 86 Jahren den Weltrekord halten und Männer rund 79 Jahre alt werden, ist der Respekt vor dem Alter lebendig. Nicht ganz freiwillig, denn die Zahl der Arbeitskräfte zwischen zwanzig und dreißig wird in der nächsten Dekade um ein Fünftel zurückgehen. Und obwohl die staatlichen Pensionssysteme schon heute unter der zunehmenden Last ächzen, hat man in Japan eine positive Grundeinstellung zum Alter. Seit 1966 ist der «Tag der Ehrerbietung vor dem Alter», der im September begangen wird, ein Nationalfeiertag. Die Alten sind auch Anlass und Inspiration für den japanischen Erfindergeist. Da es immer weniger junge Japaner gibt, die zudem immer weniger Zeit haben, plant man die zukünftige Betreuung der Alten mithilfe von Robotern.

Doch auch im Westen ist die Generationenwende Realität. Selbst in der Filmwelt, in der man mit vierzig zum alten Eisen gehört, schlagen die Alten zurück. Allen voran die Frauen. An der Verleihung der Emmy Awards 2007 räumte eine Reihe von reiferen Schauspielerinnen groß ab. Die 61-jährige Sally Field wurde als beste Hauptdarstellerin einer Drama-Serie ausgezeichnet, Helen Mirren wurde zur besten Hauptdarstellerin in einer Mini-

Serie gewählt und den Preis für die beste Gastdarstellerin gewann die über 70-jährige Leslie Caron. Die 81-jährige Elaine Stritch schlug Salma Hayek im Rennen um den Emmy für die beste Darstellerin in einer Comedy-Serie. Respekt, Respekt!

Woman – still the nigger of the world?

«[…] yes she is, and if you don't believe me take a look at the one you're with […].» Obwohl sich seit dem Protestsong von John Lennon für die Frauen auf der Welt vieles zum Positiven verändert hat, wird das vermeintlich schwache Geschlecht auch in unserer nächsten Umgebung respektlos behandelt. Man muss nicht bis nach Afghanistan schauen, auch bei uns haben Mütter und Ehefrauen einen schweren Stand. Immer noch müssen Frauen um Gleichberechtigung im Beruf und am Arbeitsplatz kämpfen, erhalten für die gleiche Arbeit weniger Lohn als die männlichen Kollegen und müssen selbst in der Chefetage sexistische Sprüche über sich ergehen lassen. Laut des aktuellen «Global Gender Gap Report 2007» des World Economic Forum befindet sich die Schweiz punkto Geschlechterungleichheit hinter Panama und Jamaica auf einem beschämenden vierzigsten Rang. Deutschland hat es mit Rang sieben immerhin unter die Top Ten geschafft. Doch gerade europäische Unternehmen – allen voran die Banken – müssen sich den Vorwurf der Machokultur gefallen lassen und lernen die strengen Antidiskriminierungsgesetze in den USA respektieren. Rund 1,4 Milliarden Dollar Schadenersatz verlangten die Bankerin Joanne Hart und fünf Mitstreiterinnen von der Investmentbank Dresdner Kleinwort in einer Sammelklage. Das Unternehmen biete weiblichen Angestellten nicht die gleichen Chancen wie Männern, hieß es in der bei einem New Yorker Bezirksgericht eingereichten Klageschrift. Frauen würden bei Dresdner Kleinwort als »Bürger zweiter Klasse« behandelt und häufig nur als »Blickfang« eingestellt, erklärten die Klägerinnen. Die Schweizer Großbank UBS wurde 2005 von einem New Yorker Gericht dazu verdonnert, die Summe von 29,3 Millionen Dollar an die ehemalige US-Sales-Mitarbeiterin Laura Zubulake zu zahlen. Sie war vier Jahre zuvor entlassen worden, nachdem sie Diskriminierung durch männliche Kollegen bemängelt hatte. Nicht nur die amerikanische Gleichstellungsbehörde EEOC geht gnadenlos gegen geschlechtsspezifische Benachteiligungen vor, auch in Europa geht's zur Sache. Die Deutsche Bank wurde von einem Londoner Gericht dazu verpflichtet, einer früheren Angestellten wegen Mobbing 1,2 Millionen Euro Schadenersatz zu zahlen. Im Verfahren hatte die Klägerin berichtet, sie habe in einer «Abteilung der Hölle» gearbeitet. Unter anderem habe sie ein Kollege sexistisch und herablassend behandelt.

Auch in der Politik haben es Frauen schwer, ganz nach oben zu kommen, und, wenn sie im Club der Mächtigen angekommen sind, auch als gleichwertiges Mitglied akzeptiert und respektiert zu werden. Von nicht wenigen gefürchtet, wurde die ehemalige Premierministerin Margaret Thatcher für die radikale Durchsetzung ihres Programms und den Umbau der britischen Gesellschaft respektiert und gleichzeitig heftig kritisiert. Fast niemand bleibt indifferent, wenn die Rede auf «Maggie» kommt. Ihre Anhänger verglichen sie mit Elizabeth I., Winston Churchill oder Charles de Gaulle, ihre Gegner bezeichneten sie als «weiblichen Rambo» oder «Attila, die Henne». Die Briten zollen ihr in Meinungsumfragen noch heute Respekt oder bekunden Abscheu, aber nie Gleichgültigkeit. Helmut Kohl pflegte Thatchers England als abschreckendes Beispiel für einen entfesselten Kapitalismus anzuführen. Und Helmut Schmidt bezeichnete sie gar als «Rhinozeros».

Dagegen wirkt die US-Außenministerin Condoleezza Rice wie ein Kläffer, der nicht beißt. Die Karrieristin hat es zwar auf dem Papier geschafft, macht aber als «George Bushs Mädchen für alles» einen relativ hilflosen Eindruck und kommt selten mit konkreten Ergebnissen von ihren Auslandsreisen zurück. Außer Spesen nichts gewesen? Zumindest findet sich auf der von Präsident Bush vorgegebenen Road Map hin zu einem unabhängigen Palästinenserstaat wenig Handfestes vor. «Condoleezza Rice formuliert die großen Ziele, und den Rest schiebt sie bis zum Ende der Regierungszeit vor sich her», kritisiert entsprechend Dennis Ross, der ehemalige Nahost-Unterhändler von Präsident Clinton. Liebevoll, aber zu Unrecht nennt der französische Präsident Nicolas Sarkozy die Staatssekretärin für Menschenrechte Rama Yade «meine Condoleezza Rice». Diese oberflächliche Aussage bezieht sich wohl in erster Linie auf die Hautfarbe der schönen, dreißigjährigen Senegalesin. Denn anders als «Condi» akzeptiert Yade keineswegs alles von ihrem Chef und funkt auch mal dazwischen. Mit ihrer Kritik am Gaddafi-Besuch verschaffte sie sich Respekt und brachte es sogar auf die Titelseite der französischen Wochenzeitschrift *Le Point.* Im Gegensatz zu Rice hat sich Angela Merkel von «Helmut Kohls Mädel» hin zur gestandenen und vor allem im Ausland respektierten Bundeskanzlerin entwickelt. Zwar froh, dass die Prophezeiung einer deutschen Maggie Thatcher sich nicht bewahrheitet hat, hätten sich viele Kritiker dennoch etwas mehr Konsequenz im Umbau Deutschlands gewünscht. Doch Merkel opferte ihren Reformwillen ihrem wahltaktischem Verhalten und hörte auf Rat von außen. Noch vor ihrem Amtsantritt erinnerte Roger Boyes, der Berliner Korrespondent der Londoner *Times,* Merkel an Maggies zehn Gebote. Gebot neun lautet: «Gott hat dich als Frau geschaffen. Verleugne diese Tatsache nicht, sondern mach sie dir zunutze.»

Ob in der Politik oder in der Geschäftswelt, Frauen lassen sich zu Recht nicht mehr alles gefallen. Welche Fortschritte sie sich erkämpft haben, lässt sich unter anderem anhand der Entwicklung in der Musikbranche aufzeigen. Basierend auf ihrem Buch *Respect. Women and Popular Music* schuf Dr. Dorothy Marcic, Professorin an der Vanderbilt Universität, ein Musical. Mit vierzig Topsongs von «Someone to watch over me» über «I will survive» bis zu «These boots are made for walking» beschreibt das Musical die Stationen der Frauen. Noch im letzten Jahrhundert drückten die Lieder die Abhängigkeit der Frau aus: «I'll do anything for you; just be my baby, [...] just love me and I'll stand by my man». Mit der Popmusik entdeckten die Frauen den «hero inside myself».

Ein Indiz für das unterschiedliche Ausmaß der weiblichen Emanzipation ist unter anderem der Stellenwert der Küche im Haushalt. Hier bestehen signifikante Unterschiede. Einer weltweiten Studie des Marktforschungsinstitutes IsoPublic zufolge ist in dreißig Prozent der befragten schwedischen Haushalte der Mann der Hauptkoch, im Gegensatz zu drei Prozent in Saudi-Arabien. In vielen Gesellschaften betrachten Frauen das Ablegen der Schürze immer noch als ersten Schritt in die Freiheit. Doch trotz vorbildhaften Starköchen wie Jamie Oliver oder Johann Lafer hält sich die Kochleidenschaft der Männer in Europa immer noch in Grenzen. Da helfen selbst eigens für Männer designte Luxusküchen mit viel Chrom, eingebautem TV und Internet nichts. Von Frauen wird trotz beruflicher Karriere immer noch die Rolle der Haushaltsfee erwartet.

Bei Respekt: Ohnmacht

Politiker sind oft gierig, wenn nicht gar süchtig danach, von der Öffentlichkeit respektiert und geliebt zu werden. Das Buhlen um Wählerstimmen oder Umfrageergebnisse erweist sich jedoch immer wieder als vergebene Liebesmüh! Mit der Politikmüdigkeit in den westlichen Ländern schwinden auch Autorität und Respekt vor Politikern. Laut einer Umfrage für einen deutschen Nachrichtensender haben nur 14 Prozent der Deutschen ein großes Vertrauen in die Bundestagsabgeordneten. Politiker moderner Demokratien haben nur noch ein sehr eingeschränktes Potenzial an Macht, also gemäß Max Weber «die Chance, innerhalb einer sozialen Beziehung den eigenen Willen durchzusetzen», und an Herrschaft, also «die Chance, für einen Befehl bestimmten Inhalts bei angebbaren Personen Gehorsam zu finden». Und dennoch arbeiten Politiker rund um die Uhr, vernachlässigen ihre Familien, indem sie sonntags Spitzenrunden abhalten, und verabschieden sich nach Marathonverhandlungen dennoch nur mit einem Minimalkonsens. Kaum jemand übt sich derart in Geduld. Warum ist das Ansehen der Politiker dennoch auf einem Tiefpunkt angelangt? Punkt 1: Sie fordern vom Volk, was sie selbst nicht halten – Enthaltsamkeit und Verzicht. Anstatt Geld zu sparen, verschwenden sie es. Während die Bürger mit einer stetigen Erosion der realen Kaufkraft fertig werden müssen, erhöhen die Berufspolitiker stetig ihre Spesenbudgets und garnieren ihr Einkommen mit Nebenverdiensten. Zudem setzen sich einige von ihnen großzügig über Vorschriften und Regeln hinweg. Punkt 2: Sie erreichen das Volk nicht mehr. Moderne Politiker sind Karrieristen, die sich im Parteiapparat hochgedient haben, somit das politische System für ihre Karriereziele benutzen und ihre Macht durch entsprechende Taktik sichern. Mit dem Machterhalt und Lobbying beschäftigt, sind sie – selbst wenn es zu Beginn ihrer Karriere ihren Überzeugungen entsprochen haben mag – außerstande, sich den wirklichen Anliegen der Menschen «auf der Straße» zu widmen. Punkt 3: Sie kommen immer davon. Ob Amigo-Affäre oder endlose Korruptionsskandale in der brasilianischen Regierung unter Lula – Politiker werden nie wirklich zur Rechenschaft gezogen, bleiben an der Macht oder finden sonst ein anderes Plätzchen. Punkt 4: Sie bewegen nicht wirklich viel. Auch wird Politikern westlicher Prägung selten die Chance zuteil, Historisches zu leisten. Churchill rettete die Welt vor Hitler, heute ringen Politiker in der Sozialpolitik und um Kommastellen. Punkt 5: Sie sind am Erhalt der Macht interessiert und ziehen daraus persönliche Vorteile.

Wie kann ein Volk Ministerpräsidenten wie Blair oder Präsidenten wie Nicolas Sarkozy respektieren, wenn diese ihre – teilweise
von Lobbyisten aus der Wirtschaft finanzierten – Luxusreisen in
den Medien inszenieren und gleichzeitig vom Volk fordern, den
Gürtel enger zu schnallen? Sarkozy ging nicht nur respektlos
mit seiner Ex-Frau um, indem er die First Lady nach nur wenigen Wochen im Amt durch seine neue Freundin ersetzte. Mit
halboffiziellen Staatsbesuchen in Begleitung seiner neuen
«Flamme» stellte er die in den jeweiligen Regierungen für das
Protokoll Verantwortlichen vor peinliche Probleme. Noch nie
vorher war ein Staatsmann mit seiner Geliebten angereist. TV-
Kameras erwischen ihn in peinlichen Momenten, wenn er bei offiziellen Staatsakten respektlos mit seinem Handy spielt. Bei all
dem erodierenden Respekt gegenüber Politikern und Parteien,
sollten Quereinsteiger aus der Wirtschaft und anderen Berei-
chen den Respekt vor den der Politik eigenen Gesetzmäßigkeiten
nicht verlieren. In der Politik kommt «Macht» nicht unbedingt
von «machen». Dinge auszusitzen oder den Gegner ins Leere lau-
fen zu lassen statt ihn zu attackieren, bringt den Politiker oftmals weiter. Der Schweizer Bundesrat Christoph Blocher musste
die schmerzhafte Erfahrung machen, dass die Uhren in der Politik nun mal ganz anders ticken als in der Wirtschaft. Ein Voll-
blutunternehmer ist noch lange kein Instinktpolitiker. Auch der
deutsche Bundespräsident und frühere Chef des Internationalen
Währungsfonds Horst Köhler tut sich in seinem auf das Repräsentieren und Mahnen begrenzte Amt des Staatsoberhauptes
sichtlich schwer. Angesichts eines schwindenden Respekts der
Politiker und des Volkes gegenüber dem Amt des Bundesprä-
sidenten versucht Köhler, sich durch volksnahe Auftritte wie im
ZDF-Torwand-Sportstudio in die Herzen der Deutschen zu schießen. Für Köhler, der ohne einen Treffer nach Hause ging, geriet
der Auftritt wohl eher zum Eigentor.

Großen, äußerst zweifelhaften Respekt erhalten Politiker nicht-demokratischer Systeme innerhalb ihres Landes. Anders als der iranische Präsident Mahmud Ahmadinejad oder der nordkorea-nische Machthaber Kim Jong Il, welche die Welt durch Bedro-hung unter Druck setzen, genießen der russische Präsident Wla-dimir Putin und der chinesische Präsident Hu Jintao – trotz Verletzungen von Menschenrechten, einer nicht vorhandenen Pressefreiheit, einem immer weiter auseinanderklaffenden so-zialen Graben und massiven Umweltschäden – international einen gewissen Respekt für ihren Pragmatismus und die schritt-weise Integration ihrer Nationen in das globale wirtschaftliche und politische System.

Falscher Respekt gegenüber Politikern kann fatale Folgen ha-ben, wenn Volk und Medien zum Schweigen verdammt werden. Ein Aufstand gegen die Irak-Kriegspläne von George W. Bush wäre als Landesverrat interpretiert worden. Selbst international anerkannte US-Medien schwiegen sich zu diesem Thema aus. In historischen Momenten blockiert der Respekt vor der Wichtig-keit des Augenblicks den gesunden Menschenverstand. Als der damalige Bundeskanzler Helmut Kohl im Zuge der Wiederver-einigung blühende Landschaften für den Osten Deutschlands in Aussicht stellte, wagte keiner der Politiker und Experten, diese Illusion zu demaskieren. Die Ökonomen und sogenannten Wirt-schaftseminenzen mussten jedoch gewusst haben, dass die sofor-tige Angleichung der ostdeutschen Lebensverhältnisse an jene des Westens zu einem Haushaltsdesaster führen musste.

Respektiere, was mir heilig ist!

Fröhliche, wissbegierige, mobile junge Menschen, die sich tolerant und interessiert neuen Kulturen nähern, sind nur das eine Gesicht der immer näher zusammenrückenden Welt. Das andere ist der Rückzug von Völkern und Religionen auf ihren Kern und eine damit verbundene Abschottung vor Andersartigem und Andersdenkenden. Nicht nur im Islam erleben fundamentalistische Kräfte einen Aufwind. Auch andere Weltreligionen tun sich zunehmend schwer im Umgang mit anderen Glaubensrichtungen. Selbst die weit säkularisierte katholische Kirche zieht ihre Grenzen zur evangelischen Kirche und Ökumene und sagt dem Pluralismus und Relativismus den friedlichen Kampf an. Im Umgang mit anderen Religionen, Kulturen, Sekten und nationalen Heiligtümern bewegen wir uns auf einem gefährlichen Terrain. Der Kopftuchstreit an bayerischen Schulen zeigt das Konfliktpotenzial auf, wenn Symbole zweier Weltreligionen aufeinanderprallen. Die am 30. September 2005 in der dänischen Tageszeitung *Jyllands-Posten* und am 17. Oktober in der ägyptischen Zeitung *Al Fager* veröffentlichten Karikaturen Mohammeds hatten neben einer nicht enden wollenden Protestwelle Rücktritte von Politikern, massive wirtschaftliche Einbußen dänischer Unternehmen in muslimischen Ländern und gar Tote zur Folge. Die im Sudan wegen Beleidigung des Islams angeklagte britische Lehrerin Gillian Gibbons wurde zu 15 Tagen Gefängnis verurteilt, weil sie es zuließ, dass einer ihrer Schüler einen Teddy «Mohammed» nannte. Doch auch hoch gebildete Würdenträger sind nicht vor Fehlern gefeit und gehen aus Sicht anderer einen Schritt zu weit. Als Papst Benedikt XVI. quasi als Wiedergutmachung für seine Rede an der Universität in Regensburg, die zu Protesten hoher muslimischer Vertreter geführt hatte, zur Zusammenarbeit von Christen, Muslimen und Juden aufrief und mit muslimischen Vertretern Weihnachtsbotschaften austauschte, führte das wiederum zu heftiger Kritik. Allein die Ankündigung, dass 138 muslimische Lehrer und religiöse Führer eine Weihnachtsbotschaft an die Christenheit verfassen würden, verursachte innerislamische Konflikte. Die gemäßigten islamischen Gelehrten wollten mit ihrem Weihnachtsgruß die Religionen gegenüber gewalttätigen Extremisten stärken und den Dialog fördern. In der westlichen Welt willkommen, heizte die Botschaft in islamischen Ländern interne Kämpfe an. Ayman al-Zawahari, die Nummer zwei der Al-Kaida, bezichtigte König Abdullah von Saudi-Arabien gar der Beleidigung des Islams, weil er den Papst getroffen hatte. Islamistische Websites veröffentlichen, es sei verboten, der Christenheit Weihnachtswünsche zu schicken. Der Papst sieht sich seitdem zum verbalen Eiertanz gezwungen: «Eine missionarische Kirche, die sich verpflichtet weiß, ihre Botschaft allen Völkern zu verkünden, muss sich unbedingt für die Glaubensfreiheit einsetzen. Sie will die Gabe der Wahrheit, die für alle Menschen da ist, weitergeben und sichert gleichzeitig den Völkern und ihren Regierungen zu, damit nicht ihre Identität und ihre Kulturen zerstören zu wollen.» Und: «Ich hoffe, dass bei verschiedenen Gelegenheiten meines Besuchs – zum Beispiel, als ich in München deutlich gemacht habe, wie wichtig es ist, das zu respektieren, was anderen heilig ist – mein tiefer Respekt für die großen Religionen deutlich geworden ist, und hier besonders der Respekt für die Moslems, die den einzigen Gott verehren, und mit denen wir dabei sind, für alle Menschen die soziale Gerechtigkeit, die moralischen Werte, den Frieden und die Freiheit zu verteidigen und zu verbreiten.» Annäherungsversuche der Weltreligionen zeitigen auf lokaler Ebene meist größere Erfolge. «Gegenseitiger Respekt als Baustein des Friedens» lautete zum Beispiel das Motto des 6. Interreligiösen Friedensgebetes, das am 12. Januar im schweizerischen Hünenberg von Vertretern des Judentums, des Islams, Hinduismus, Buddhismus und christlicher Konfessionen gefeiert wurde. Der reformierte Pfarrer Klaus Dieter Hägele sprach bei diesem Anlass von «Respekt als […] Brücke von Religion zu Religion».

Während früher fehlender Respekt zwischen den Nationen zu Auseinandersetzungen führte, kommt es zunehmend zu Konflikten zwischen Menschen, die sich eher über ihre Religionszugehörigkeit als über ihre Nationalität identifizieren. In Nigeria, zu gleichen Teilen aus Christen und Muslimen bestehend, identifizieren sich die Menschen in erster Linie mit ihrer Religion und erst in zweiter Linie als Nigerianer. Seit 1990 wurden in Nigeria mehr als 20 000 Menschen im Namen Gottes umgebracht. Auf der Demarkationslinie zwischen der Stadt Kano, dem Zentrum des islamischen Nordens, und der Stadt Jos, wo der christliche Süden beginnt, stehen sich Kirchen und Moscheen konkurrierend gegenüber. Aber auch in anderen Teilen der Erde wächst der Einfluss der Religion auf die Politik. Im Palästinakrieg wird im Namen Gottes gekämpft. In Myanmar (Burma) hätten buddhistische Mönche beinahe das Regime gestürzt. Im polnischen Parlament bekreuzigt sich der Sprecher, bevor er sich hinsetzt, US-Präsident George W. Bush beginnt jeden Tag kniend mit einem Gebet. Ganz entgegen früheren Einschätzungen nimmt die Säkularisierung mit der Globalisierung nicht zu. Im Gegenteil: Der Anteil der Menschen, die sich einer der vier großen Weltreligionen zugehörig fühlen, stieg von 67 Prozent (1900) auf 73 Prozent (2005) und könnte im Jahr 2050 80 Prozent erreichen. «Rückblickend werden», so meint Philip Jenkins, einer der größten Religionsgelehrten Amerikas, «die Menschen die Religion als die vorrangig treibende und zerstörerische Kraft unter Menschen sehen.» Dabei verlieren die Herrschenden immer mehr die Kontrolle über das, was die Menschen im Land glauben und für was sie vielleicht sogar bereit sind, ihr Leben zu geben. Der Grundsatz «cuius regio, eius religio», der besagt, dass der Herrscher eines Landes berechtigt ist, die Religion für dessen Bewohner vorzugeben, funktioniert nicht mehr. Immer mehr Menschen wählen die für sie passende Religion selber. Darunter leidet allen voran die katholische Kirche. Aber auch Regierungen muslimischer Länder wie Ägypten, Jemen, Saudi-

Arabien, Algerien und Indonesien setzen vermehrt auf eine Entradikalisierung der Jugend. Mehr und mehr wächst die Einsicht, dass die Koranverse eine aggressive Kriegsführung verbieten, der Westen nicht ausnahmslos aus Anti-Muslimen besteht und mit den Terroristenbomben der Respekt vor dem Islam nicht gewachsen ist. Nasir Abas, einst ein Anführer von Jemaah Islamiah, einer der gefürchtetsten Terroristengruppen weltweit, versucht heute, ehemalige Weggefährten davon zu überzeugen, die Gewalt gegen den Westen einzustellen. Doch trotz dieser zaghafter Annäherungen sind weitere Konflikte zu erwarten. So wird das größte Land der Welt nicht nur Schauplatz der Austragung wirtschaftlicher Konflikte, China wird auch als größter «Markt» sowohl für das Christentum wie auch für den Islam zukünftig für Schlagzeilen sorgen.

Während man im Umgang mit religiösen Symbolen nicht vorsichtig genug sein kann, bleibt zumindest in Europa ein respektloser Umgang mit nationalen Symbolen immer häufiger ungeahndet. Das Hissen der Fahne oder das Abspielen der Nationalhymne bei Sportereignissen sind zwar nationale Rituale, die respektiert werden sollen, denen aber immer weniger Bedeutung beigemessen wird. Das zeigt beispielsweise der Kommentar eines Fußballfans auf forum.de: «Hallo, beim Spiel vorhin in München bin ich beim Abspielen der Nationalhymne sitzen geblieben, weil ich es lächerlich finde, vor Symbolen strammzustehen. Dann haben mich Ordner brutal aufgefordert, aufzustehen. Was haltet ihr davon?» Im Hinblick auf die nationalistische Vergangenheit eines Landes oder auf aktuelle rechtsradikale Strömungen ist es wohl begrüßenswert, wenn das Abspielen der Nationalhymne für einen Großteil der Fans zu einem notwendigen Übel verkommt. Respekt vor Symbolen ist in den Arenen jedoch sehr wohl angebracht. Man hüte sich aber als Fußball-Anfänger davor, im Trikot seiner Mannschaft im Gegnerblock die eigene Fan-Hymne anzustimmen. Fußball ist nun mal für viele eine Religion, deren Rituale ihren Anhängern heilig sind: die Samstagabend-Sportschau, die Couch und das Bier dazu. Zu ähnlichen spirituellen Handlungen lassen sich Anhänger von Kultmarken wie Harley-Davidson bewegen, die sich dann ganz unbescheiden Evangelisten nennen.

Rappen für Respekt

In kaum einer anderen Subkultur hat Respekt einen derartigen Stellenwert wie im Hip-Hop. Mit Rap kann Respekt bezeugt werden, gleichzeitig ist er ein Mittel, um sich Respekt zu verschaffen. Die Anfänge des Hip-Hop reichen zurück in die Bronx der siebziger Jahre des 20. Jahrhunderts. Schwarze Discjockeys begannen, mit zwei Plattenspielern, einem Mischpult und diversen Schallplatten eine neue Musik zu kreieren. Beim Rappen tut sich der «Master of Ceremony» mit dem DJ zusammen. Sein gereimter, im Rhythmus der Musik vorgetragener Sprechgesang lobpreist den DJ, sich selbst und das Publikum. Rap war eine Alternative zu den Bandenkriegen und ein Weg, sich – statt durch physische Gewalt – verbal Respekt zu verschaffen. Aus den Gangs wurden Crews, die sich mit mobilen Soundequipments in den Parks trafen, um sich friedlich zu messen. «Respect» ist ein fester Bestandteil englischsprachiger Hip-Hop-Texte; und in diesen «Battles» geht es ums «dissen» – der Begriff kommt von «Disrespect», also nicht respektieren –, den Versuch, den anderen durch Beschimpfungen zu demütigen. Hip-Hop ist viel mehr als nur eine Musikrichtung, sondern ein Millionenbusiness, eine Geisteshaltung und eine Philosophie. Für den weltweiten Siegeszug ist unter anderen auch der Künstler Eminem verantwortlich, der sich als Weißer den Respekt der Schwarzen in deren ureigener Domäne erkämpfte. «You can do anything you can set your mind to, man.» Trotz seiner Schwulenverachtung wird er sogar von dem bekennenden Homosexuellen Elton John für seine Musik respektiert.

Während sich immer mehr weiße Rapper den Respekt bei den Schwarzen «errappen», verdienen sich umgekehrt schwarze Künstler mittels Rap den Respekt der Weißen. Angepasste, linientreue Manager träumen davon, ihre Meinung zu sagen und damit auch noch stinkreich zu werden. «Vom Gettokind zum Goldjungen» betitelte die Schweizer Tageszeitung *Tages-Anzeiger* den Aufstieg des Hip-Hop-Stars 50 Cent. «Die Geschichte ist so unglaublich, dass man sie auf den ersten Blick für ein Traumfabrikat halten würde, ausgetüftelt von einem Hollywood-Drehbuchschreiber, der noch unbeirrt an den American Dream glaubt.» Dabei ist der märchenhafte Aufstieg – vom Straßenjungen in Queens bis zum respektierten Unternehmer – vielen eine Inspiration für den eigenen Weg. Mehrere Gefängnisstrafen, Verletzungen bei Schlägereien und Schießereien machen den Aufstieg von Curtis James Jackson III, so sein bürgerlicher Name, einerseits authentisch, andererseits übermenschlich. Wer es heute in Amerika und auf der ganzen Welt ohne Uniabschluss an die Spitze schafft, der hat den Respekt nicht nur seinesgleichen, sondern aller verdient.

Während in den USA selbst Größen wie Eminem den ganz großen Rappern ihren Tribut zollen, scheint dies in Europa nicht mehr der Fall zu sein. Im deutschsprachigen Raum setzt sich der Rapper Bushido mit verbalen Beleidigungen und Diss-Attacken gegen die Ikonen der alten Schule immer wieder in Szene. Bushido ist in der Gemeinde teilweise verhasst, aber auch respektiert. In einem der zahllosen Blogs meint beispielsweise UKOGNOS7: «Ich hasse bushido … aber der track ist geil, respekt bushido, ich zieh den hut vor dir, ernsthaft.» Ein anderer: « … Bushido, du schaust auf mich herab, jo! Doch ich hab Respekt vor dir, ich würd mich niemals traun, dir auf die Fresse zu haun.»

Heute wird Hip-Hop gar als Mittel für den Frieden eingesetzt. Ein Musik-Workshop mit dem Titel «HipHop for Respect» wurde 2001 im Rahmen eines Projekts gegen Rechtsradikalismus und Ausländerfeindlichkeit in fünf Städten des Regierungsbezirks Köln durchgeführt. Welchen Stellenwert «Respekt» im Leben eines Rappers hat, zeigt das folgende Interview mit dem Schweizer Rapper Gimma, der mit seiner Single *Hymna* den Wettbewerb um den offiziellen Song der Schweizer Fussball-Nationalmannschaft gewann.

Gimma, was bedeutet für dich Respekt?
Respekt bedeutet für mich, Anerkennung dafür zu bekommen, dass ich außergewöhnliche Dinge leiste. Wegen meiner etwas gewöhnungsbedürftigen Art, mich auszudrücken, werde ich auch oft missverstanden. Aber wenn mich jemand wirklich kennenlernt, respektiert er mich ziemlich schnell als Mensch und Künstler. Ich denke, den wirklich großen Respekt der Bevölkerung unseres Landes muss ich mir aber noch verdienen, über die Jahre.

Inwiefern hilft dir Rap, zu Respekt zu kommen?
Rap ist Sprache und Sprache ist Macht. Meine Worte können mehr Schaden anrichten als ein Unwetter – ich erinnere diesbezüglich an den Song »Hol dr än Politiker«, wo gewisse Kreise mit Klagen drohten und mir später sogar nach dem Leben getrachtet wurde. Und solche Aktionen zeigen mir, dass die Leute großen Respekt vor meiner Sprache haben.

Was hat dich zum Rap gebracht?
Der Zufall und Fügung. Ich hatte das Bedürfnis, mich mitzuteilen, und fand Rap als einfachste aller Möglichkeiten. Und so habe ich mich in diese Materie eingearbeitet.

Wen respektierst du und warum?
Ich respektiere grundsätzlich jeden. Allerdings habe ich mit gewissen Leuten meine Mühe. Sinnlose Kritik, Arroganz, menschenverachtende Politik und fundamentale Dummheit können

mich zum Rasen bringen. Und mit Kinderschändern oder Gewalttätern aller Art habe ich auch so meine Probleme. Aber prinzipiell bin ich aufgeschlossen.

Von wem ist es dir wichtig, respektiert zu werden?
Von meinen Kollegen und meiner Familie, meinen Mitarbeitern, meinen Mitmusikern.

Wirst du international als Rapper respektiert?
Ich erlebe immer wieder mit Erstaunen, dass ich gerade von ausländischen Künstlern extrem respektiert werde. Die erkennen vielleicht eher die Arbeit, welche in einer Karriere steckt. Aber kommerziellen Erfolg habe ich im Ausland als Mundartkünstler nicht.

Fühlst du dich als Weißer als »Rapper zweiter Klasse«?
Um Gottes Willen, nein! Wäre ich in den Staaten aufgewachsen, wäre das sicher ein Thema gewesen, aber hier nicht.

Was macht für dich die Street Credibility eines Rappers aus?
Street Cred ist die Reputation eines Rappers auf der Straße. Ironischerweise verstecken sich gerade diejenigen Rapper in der Schweiz, die auf ein solches Image Wert legen, oft hinter der Fassade des Erzählers und Beobachters. Für mich war dieses Thema immer uninteressant.

Warum gibt es kaum weibliche Rapper?
Klischeedenken und Machismo. Diejenigen Frauen, die sich dennoch trauen, sind meistens sehr starke Charaktere.

Respekt im Zeitalter der Medien

«Die Geister, die ich rief, werd ich nun nicht los.» So lässt sich, frei nach Goethes *Zauberlehrling,* das Verhältnis der Stars, Politiker und derer, die sich bewusst und gezielt ins Rampenlicht stellen, zu den Medien und der Meute der Promireporter beschreiben. Tony Blair, der sich zu Beginn seiner Amtszeit mit den Medien verbrüderte, lamentierte am Ende seiner Amtszeit über die Hemmungs- und Respektlosigkeit der Medien gegenüber der Privat- und Intimsphäre der VIPs. Selbst Filmstar George Clooney, Objekt der Begierde von Frauen und Paparazzi gleichermaßen, kritisierte in der US-Sendung «Entertainment Tonight» die Meute der Paparazzi: «Was die tun, ist sträflich. Das sind Verfolgungsjagden mit hohem Tempo, bei denen es um die Wette geht, wer schneller ist. Paparazzi sind Kopfgeldjäger.» Clooney brach in diesem Interview auch eine Lanze für Britney Spears. Doch die Promis nur als Opfer darzustellen, wäre falsch. Um schnell an die Spitze zu kommen, legen viele Stars die Hemmungen im Umgang mit den Medien ab. Britney, der Superstar im Tiefflug, musste denn auch bekennen: «Ich kann nicht mit, aber auch nicht ohne euch leben.» Kein Wunder, sind die Medien seit ihrer Kindheit ein fester Bestandteil ihres Lebens. Nachdem Spears mehrere Talentwettbewerbe gewonnen hatte, war sie in diversen Werbespots zu sehen und bekam schon als Mädchen eine Rolle am Broadway. Dieser Erfolg wäre ohne die Medien nicht möglich gewesen. In diesem Katz-und-Maus-Spiel sitzen die Medien jedoch am längeren Hebel, weil sie das Image – das Kapital der Promis – kontrollieren, manipulieren und nicht selten Unwahrheiten verbreiten. Die Stars werden auf Schritt und Tritt verfolgt. «Britney fährt parkendes Auto an», «Britney unten ohne», «Verwirrte Britney wird unter Zwang in Klinik eingewiesen», «Britney feiert wieder». 2006 flehte die 24-jährige Popsängerin in einer amerikanischen TV-Show die Paparazzi unter Tränen an: «Ihr müsst einsehen, dass wir Menschen sind und dass wir einfach eine Privatsphäre und euren Respekt brauchen.»

Doch Demütigungen seitens der Medien haben keine Grenzen. Die *New York Daily News* publizierte eine Liste der dümmsten Promis: An der Spitze steht Lindsay Lohan, die sich 2007 wegen ihrer Drogen- und Alkoholsucht einweisen ließ, wegen eines Verkehrsdeliktes für 84 Minuten im Gefängnis saß und sich mehrere Male unter ihren Rock fotografieren ließ. Mit ihrem Lied «Rumors» bittet sie in ganz direkten Worten um Privatsphäre: «But I can tell that you're watching me / And you're probably gonna write what you didn't see / Well I just need a little space to breathe / Can you please respect my privacy ... / I've gotta say respectfully / I would like it if you take the cameras off of me / ‹Cause I just want a little room to breathe / Can you please respect my privacy.» Auch Britney, die auf der erwähnten Liste Platz 14 besetzt, wirbt mit ihrem Song «Leave me alone» um Verständnis: «Leave me alone / let me live my life in peace / Leave me alone / Why can't you just be / normal / Not those freaking paparazzi people / leave me alone ...»

Für ihre ständige Präsenz in Talkshows bezahlen auch Politiker einen hohen Preis. Der deutsche Bundesverbraucherminister Horst Seehofer von der CSU sah sich denn auch als Opfer einer Hetzkampagne der Medien. «Eine solche Kampagne wie 2007 gegen mich hat nie zuvor in Deutschland stattgefunden», ließ Seehofer nach monatelangen Berichten über ihn und sein Privatleben in der *Leipziger Volkszeitung* verlauten. Die Kampagne begann, als bekannt wurde, dass der verheiratete Familienvater seine Geliebte geschwängert hatte. Seehofer sah einen Zusammenhang mit seiner Kandidatur für den CSU-Vorsitz und meinte, er sei «verfolgt, bespitzelt und beschnüffelt worden». Dass man Journalisten auch klare Grenzen setzen und dennoch Erfolg haben kann, bewies kein Geringerer als Michael Schumacher, seines Zeichens siebenfacher Formel-1-Weltmeister. Wenig ist über dessen scheinbar skandalfreies Privatleben bekannt.

Das neue Selbstverständnis der Medien, ein Teil des Geschehens zu sein, hat auch zu einem veränderten Umgang mit der Wahrheit geführt. Während die Medien früher nach stattgefundenen Ereignissen und nach einer umfassenden Recherche berichteten, sind sie heute dank kostengünstiger Übertragung und mobiler Kameras wo immer möglich live dabei. Mit der live übertragenen Verfolgungsjagd von O. J. Simpson wurden Zuschauer auf der ganzen Welt Augenzeugen der Flucht eines vermeintlichen Mörders. Bevor überhaupt je ein Richter über die Schuld oder Unschuld des Sportstars urteilen konnte, war das Urteil der Medien gemacht. «In dubio pro reo» – im Zweifelsfall für den Angeklagten –, dieser Respekt vor der Wahrheit wurde von Medienberichten verschleiert.

4 Very Respected Persons (VRPs)

Ich **RESPEKTIERE** Menschen, die gegen den Strom schwimmen.

Damaris Hardmeier

Es gibt weltweit unzählige Ranglisten: die Liste der begehrtesten Partygäste, der bestangezogenen Celebrities, der VIPs des Jahres und viele mehr. Ob die genannten Menschen zu Recht auf der Liste figurieren, ist eine bedeutungslose Frage. Ihr Image entsteht aufgrund ihres Bildes oder schönen Scheins. Bei respektierten Menschen hingegen – unabhängig davon, ob und wie häufig sie in den Medien auftauchen beziehungsweise von der Medienpräsenz profitieren – kommt Sein vor Schein. Im Gegensatz zu Very Important Persons (VIPs) sind Very Respected Persons (VRPs) Menschen mit Rückgrat, mit Ecken und Kanten, die scheitern und wieder aufstehen, Schicksalsschläge erleben und diese verarbeiten. Menschen, die trotz harscher medialer Kritik unbeirrt ihren Weg gehen. VRPs sind mutig, sie riskieren etwas, auch im Wissen um die Möglichkeit zu scheitern. In jedem Fall sind es Menschen, die sich ihre Integrität und ihren Selbstrespekt bewahren.

Würde man eine Liste der respektiertesten Persönlichkeiten der Menschheitsgeschichte erstellen, dürften Menschen wie Nelson Mandela, Mahatma Gandhi, Mutter Theresa, Albert Einstein, die Geschwister Scholl, Martin Luther King, die zahllosen, für bahnbrechende Erfindungen und Entdeckungen verantwortlichen Wissenschaftler, das Universalgenie Johann Wolfgang von Goethe oder Musiker wie Wolfgang Amadeus Mozart nicht darauf fehlen. In unzähligen Biografien sind die Leben dieser Menschen beschrieben worden. Doch auf der Suche nach VRPs muss man gar nicht weit gehen. Großen Respekt verdienen Mütter und Väter für die Erziehung ihrer Kinder, Menschen, die sich für andere einsetzen, aufopfern und nicht selten ihr eigenes Leben riskieren . Sie verdienen für ihre Leistung und ihren Einsatz größten Respekt. Doch VRPs sind deshalb keineswegs vor Kritik gefeit. Allem voran zeichnen sich respektierte Menschen durch ihre Prinzipien aus. Am Beispiel der folgenden Persönlichkeiten soll herausgearbeitet werden, was eine Person zu einer respektierten Person macht.

Al Gore, Umweltaktivist

Erinnern Sie sich an den farblosen Präsidentschaftskandidaten Al Gore, dessen Niederlage der Menschheit Präsident George W. Bush bescherte? Im Gegensatz zu Bill Clinton war Al Gore nie beliebt. Was Bill Clinton hatte – Charisma, Wärme, die Fähigkeit, ein Publikum in Sekundenschnelle für sich einzunehmen –, ging dem ehemaligen Vizepräsidenten völlig ab. Das Scheitern bei den Wahlen war nur eine logische Konsequenz seines Schattendaseins. Gore verlor sogar in seinem Heimatstaat, was einer Demütigung gleichkam. Statt zu kapitulieren und sich aus der Öffentlichkeit zurückzuziehen, schaffte es Al Gore jedoch, seine Niederlage in einen triumphalen Erfolg zu verwandeln, der mit dem Friedensnobelpreis und einem Oscar seinen vorläufigen Höhepunkt erreicht hat. Al Gore verdient Respekt, weil er seine größte Niederlage als Chance wahrnahm: Er entwickelte sich zum globalen Aktivisten. Er richtete sich auf, lernte aus den Fehlern des amerikanischen Politsystems und schlug sich dann mutig auf die andere Seite. Statt auf Charisma baut Gore auf Fakten, womit er glaubwürdig vermittelt, dass hinter seinem Tun nichts anderes steht als die Sorge um die Umwelt und die Zukunft des Planeten. Al Gore verdient Respekt, weil er keine versteckte Agenda hat. Er instrumentalisiert seine Rolle als Umweltaktivist nicht, um sich über das populäre Thema «Umwelt» noch einmal für das Weiße Haus zu empfehlen. Er hat auch keine finanziellen Interessen. Respekt gebührt ihm seitens der Politik, der Wissenschaft und der Medien für seine unprätentiöse Art und den Einsatz für die Sache.

Prinz Charles, Thronfolger

Seine zukünftigen Untertanen haben Prinz Charles von Wales nicht immer mit dem gebührenden Respekt behandelt. Nicht nur stand er lange Zeit im Schatten von Prinzessin Diana. Er wurde auch als verschrobener Kauz mit autistischen Zügen verspottet. Das Gelächter war groß, als der Erbe des britischen

Throns 1986 einem TV-Reporter gestand, dass er in seinem Landhaus Highgrove mit den Blumen spreche. In der Tat hat Prinz Charles als Umweltaktivist einiges bewirkt. Schon 1990 warnte Prinz Charles vor der globalen Erwärmung. Und bereits 1986, als biologische Produkte für die meisten Konsumenten noch kein Thema waren, stellte seine Farm auf organischen Anbau um. Die Farm liefert Gerste, Rüben, Milch und Mostrich an die 1992 vom Prinzen gegründete Firma Duchy Originals. Die organischen Produkte – neben den legendären *Oaten biscuits* auch Suppen, Konfitüren, Milchprodukte, Fleisch, Schokolade und Körperpflegemittel – werden nach ausgeklügelten nachhaltigen Methoden hergestellt. Der Gewinn des Unternehmens wird für wohltätige Zwecke verwendet. Prinz Charles verdient Respekt als prominenter Vordenker und Vorreiter im organischen Landbau und Umweltschutz.

Muhammad Yunus, Sozialunternehmer

Viele Jahre bevor Muhammad Yunus, der «Erfinder» des Kleinkredits und Gründer der Grameen Bank, am 6. Dezember 2006 den Friedensnobelpreis in Oslo entgegennahm, wurde der Professor für Wirtschaftswissenschaften von Frustration und Selbstzweifeln geplagt. Bedrückt angesichts der großen Not in Bangladesch, erkannte Yunus, dass man aus dem akademischen Elfenbeinturm heraus und mittels gängiger Wirtschaftstheorien keine Hungersnot lösen kann. Allein die Tatsache, dass Yunus seine sichere Stelle an den Nagel hängte und beschloss, den Ärmsten der Armen mit Kleinkrediten wirtschaftliche Perspektiven zu bieten, verdient Respekt. Großer Respekt gebührt ihm auch dafür, dass er die Regeln der Finanzindustrie widerlegte. Regel 1: Mit Kleinkrediten lässt sich kein Geld verdienen. Regel 2: Armen ohne regelmäßiges Einkommen darf man keinen Kredit gewähren. Regel 3: Geschäfte macht man, insbesondere in muslimischen Ländern, ausschließlich mit Männern.

Gerade angesichts des Versagens der etablierten Finanzindustrie ist Yunus' Erfolg nicht zu unterschätzen. Während die Grameen Bank von einem Rekordgewinn zum andern eilt, müssen Citibank, Merrill Lynch, UBS, Credit Suisse oder die Deutsche Bank im Zuge der US-Immobilienkrise Abschreibungen in dreistelliger Milliardenhöhe vornehmen, und die einst gepriesenen Spitzenbanker werden über Nacht ausgewechselt. «Was haben Sie geraucht? Wie die besten Köpfe der Wall Street Milliarden verloren», titelte beispielsweise das Wirtschaftsmagazin *Fortune Magazine*. Ironischerweise lassen sich zwischen Yunus und den gefallenen Bankern Parallelen aufzeigen: Wie Yunus haben auch die etablierten Banken mittels Immobilienkrediten vielen Habenichtsen Geld geliehen. Der große Unterschied: Yunus verfolgte damit seine Vision einer Welt ohne Armut, während die Banken aus purer Gier operierten. Wie andere Sozialunternehmer verdient Yunus für sein aktives Engagement auch den Respekt der Philanthropen, die ihre Hilfe auf das Spenden beschränken. Damit nicht genug: Yunus hat mit der Gründung des Telefonkonzerns Grameen Phone den Marketing- und Markenexperten weltweit demonstriert, dass ein Markentransfer zwischen sehr unterschiedlichen Branchen durchaus funktionieren kann.

Melinda Gates, Philanthropin

Kaum jemand auf der Welt würde Bill Gates, Gründer des weltweit größten Software-Konzerns, reichster Mann der USA und lange Zeit der Welt, eine gehörige Portion Respekt absprechen. In den Ranglisten der wichtigsten Businessmagazine stehen Bill Gates und sein Unternehmen immer ganz oben, und in der IT-Szene genießt Gates schlichtweg Kultstatus. Selbst in Indien kopieren Computer-Geeks seinen Kleidungsstil: Khakihose, Freizeithemd und -schuhe. Als Mitbegründer der Bill and Melinda Gates Foundation zählt er zu den wichtigsten Philanthropen weltweit. Doch den entscheidenden Beitrag zur Entwicklung der Stiftung leistet seine Frau, Melinda Gates. Als eines von vier Kindern ist Melinda French in sehr bescheidenen Verhältnissen aufgewachsen. Der Vater musste sich mächtig anstrengen, um alle Kinder aufs College schicken zu können. «Das hieß für alle Boden putzen, Ofen säubern und Rasenmähen», erinnert sich Melinda Gates in einem Interview im *Fortune Magazine*. Melinda blieb nach der Hochzeit mit Bill Gates bescheiden. Sie war die treibende Kraft für den Ausbau der Stiftung. Ohne den Weitblick von Melinda Gates hätte der Milliardär Warren Buffett gemäß eigenen Angaben gezögert, seine Milliarden in die Gates-Stiftung einzubringen. Während Bill sich auf die Arzeimittelforschung und neue wissenschaftliche Lösungen konzentriert, deren Erfolg möglicherweise noch Jahrzehnte entfernt ist, engagiert sich Melinda für die sofortige Linderung des weltweiten Leidens. «Du kannst Kinder nicht mit Medikamenten retten», sagt sie. «Wenn ich in die Dörfer in Indien gehe, denke ich, okay, dieses Kind haben wir gerettet. Wenn ich dann sehe, wie die Flüsse durch den Kot von Kühen verschmutzt werden, weiß ich, dass wir noch andere Dinge tun müssen.» Zum Beispiel Moskitonetze bereitstellen, welche die Kinder vor Malariamoskitos schützen, oder Mikrokredite vergeben, die den Ärmsten helfen, mit einem Geschäft eine eigene Existenz aufzubauen. Melinda und Bill Gates scheuen sich auch nicht, Allianzen zu bilden, die einer gewissen Ironie nicht entbehren. In New York unterstützte die Stiftung die öffentliche Schule bei der Gründung von 43 kleinen Highschools mit dem Ziel, mehr Schüler zum Abschluss zu motivieren. Vorsteher der öffentlichen Schule New York ist Joel Klein, der zehn Jahren zuvor den Kartellprozess gegen Microsoft anführte.

Werner Herzog, Filmregisseur

Es gibt Regisseure wie Jerry Bruckheimer, die Blockbusters garantieren. Dann gibt es Filmemacher wie Steven Soderbergh, in dessen Filmen sogar Superstars wie Julia Roberts für eine bescheidene Gage eine Nebenrolle spielen. Und dann gibt es solche wie Werner Herzog, die in keine Schablone passen. Die *Financial Times* nennt ihn den großen Überlebenden des Kinos. Er hätte schon vor langer Zeit von Schlangen erwürgt, von einem Schauspieler erschossen oder von den sich verändernden Moden in der Filmindustrie überholt werden sollen. Doch Werner Herzog ist unverwüstlich. Seine Weigerung, digitale Effekte oder Kameratricks zu verwenden, und sein Wille zu Extremen haben ihm Bewunderung, aber auch großen Respekt eingebracht. Seine Filme sind Projekte, in denen er die Darsteller zu Übermenschlichem bewegt. In *Fitzcarraldo* ließ Herzog im Urwald einen alten Flussdampfer über einen Berg ziehen. Für seinen neuesten Film *Rescue Dawn,* der die Geschichte eines US-Soldaten erzählt, dem als Einzigem die Flucht aus einem Gefangenenlager in Laos gelingt, transportierte er seine Crew nach Thailand und ließ sie viele Kilos runterhungern.

Gespräche über Respekt

Je nach Alter, Geschlecht, beruflicher oder gesellschaftlicher Position kann Respekt für Personen eine ganz unterschiedliche Bedeutung haben. Spannender und authentischer ist es zudem, Menschen direkt zu fragen, was für sie Respekt bedeutet, wann sie sich respektiert oder respektlos behandelt fühlen. Die Befragten repräsentieren bewusst eine große Bandbreite von Menschen: Das reicht von Persönlichkeiten, die täglich auf der ganzen Welt im Rampenlicht stehen und Respekt in unterschiedlichen Kulturen erleben, bis zu ganz normalen Menschen. Ihnen gemeinsam ist der Wunsch, respektiert zu werden. In der Wahl dieser Persönlichkeiten ließ ich mich zugegebenermaßen auch von Sympathie und meinem persönlichen Respektgefühl leiten. Ich danke allen Befragten für die Teilnahme an diesem Projekt.

Worte als Waffen für den Frieden
Juanes, Grammy-Preisträger, Philanthrop und Aktivist

Vom *Time Magazine* wurde Juan Esteban Aristizábal Vázquez (geb. 1972), oder kurz Juanes, 2005 als eine der wichtigsten hundert Personen weltweit gewählt. In Frankreich wurde der charismatische Sänger für sein karitatives Engagement und seinen Beitrag zur Kunst zum Ritter geschlagen und gehört seitdem dem Ordre des Arts et des Lettres an. Als erster Musiker überhaupt trat der Kolumbianer im Europäischen Parlament auf. Bei der Auslosung der Begegnungen für die Fußballweltmeisterschaft 2006 in Leipzig hatte der zwölffache Latin-Grammy-Award-Gewinner einen Live-Auftritt vor Milliarden von Fernsehzuschauern aus der ganzen Welt. In seiner Heimatstadt Medellín wurde unter großem Beifall der Bevölkerung eine Juanes-Statue enthüllt. Sein neues Album, *La vida es un ratico,* wurde in 77 Ländern gleichzeitig lanciert. Seinen Durchbruch im deutschsprachigen Raum hatte Juanes mit dem im Stil von Fürbitten gesungenen Millionenerfolg «A dios le pido». Ein wahrer Segen sind Künstler wie Juanes denn auch für die unter massiv schwindenden CD-Verkäufen leidenden Musikfirmen. Im Januar 2008 war Juanes Gaststar an der «Schweizer des Jahres»-Gala. Ein paar Tage später sitze ich ihm in einem Genfer Hotel gegenüber. Während ein paar Meter weiter im neuen Flagship-Store des Luxusuhrenherstellers Patek Philippe eine Armbanduhr im Wert von über einer Million Franken prunkt, spreche ich mit Juanes über sein Engagement für Kinder, Minenopfer, sein Land, das sich seit Jahren in bürgerkriegsähnlichem Zustand befindet, seine Musik, die Millionen von Menschen weltweit bewegt – und natürlich über Respekt.

Juanes, in deinem Lied «No credo en el Jamás» singst du, «Ich brauche Stille, um meine eigene Stimme und meine Wahrheit zu finden». Ist das eine Bitte an die Menschen, deine Privatsphäre zu respektieren?

Man kann diesen Wunsch aus dem Blickwinkel der Privatsphäre her betrachten, der Wunsch hat aber mehr mit der Identität zu tun, damit, dass man wirklich versteht, wer man ist. Mit all der Information und den Dingen, die geschehen, kann es passieren, dass man vergisst, wer man ist und für was man in seinem Wesen steht. Viele Male im Leben verlieren wir den Weg, und es ist wichtig, sich selbst wiederzufinden. Die Musik hilft mir dabei, mich zu läutern.

Siehst du hier für dich wegen deiner weltweiten Bekanntheit eine Gefahr?

Das trifft für jede Person auf den unterschiedlichsten Stufen zu. Manchmal kann der Ruhm, die Macht oder der Erfolg dies bewirken. Was ich spüre, ist, dass man selbst seinen Weg sehr gut kennen muss und wissen muss, wohin er führt. Denn auf diesem Weg gibt es viele Einflüsse, die großen Schaden anrichten können.

Eine zentrale These meines Buches ist, dass Respekt zwar eine Grundvoraussetzung für ein friedliches Zusammenleben der Menschen ist, gleichzeitig aber nicht ausreicht, um die Welt zu verbessern. Die Musik-Ikone Quincy Jones sagt, dass deine Musik von universaler Bedeutung ist und deshalb Einfluss auf die Menschen ausübt. Kann deine Musik die Menschen dahingehend beeinflussen, dass sie sich nicht nur gegenseitig respektieren, sondern sich auch näherkommen und verstehen?

Ich glaube nicht, dass die Musik das Verhalten eines Menschen verändern kann, aber sie hilft, dass sich die Seelen der Menschen finden. Musik ist wie eine Art Therapie, welche die Seele heilt. Allein der historische Moment, ein Bild zu malen oder ein Lied zu komponieren, führt zu einer anderen wichtigen Ebene, die zählt. Wenn die Musik die Menschen verändern würde, lebten wir seit langem in einer anderen Welt. Die Musik ist da, um die Gefühle zum Ausdruck zu bringen, und das ist so wichtig. Wie du richtig sagst, hat der Respekt fundamentale Bedeutung. Respekt hängt mit Toleranz zusammen, in erster Linie gegenüber uns selbst. Denn wenn wir uns selbst nicht akzeptieren können, ist es sehr schwierig, eine andere Person, so wie sie ist, zu akzeptieren. Diese Unterschiede zu akzeptieren, ist jedoch sehr wichtig. Die Aufgabe, die man als Vermittler in seinen eigenen vier Wänden hat, ist sehr wichtig. Wenn sich meine zwei Töchter streiten und ich zwischen den beiden vermittle, ist es im Grunde die gleiche Vermittlung wie zwischen Nachbarn, zwischen Gemeinschaften oder zwischen Ländern .

Glaubst du, die Musik kann die Menschen bewegen, sich näherzukommen?
Die Musik ist eine sehr mächtige Waffe für den Frieden. Ich kann ein Konzert geben und eine sehr spezifische Botschaft vermitteln. Und über meine Lieder können die Menschen meine Botschaft hören und diese Botschaft lässt sich weitertragen. Ich kann ins Europäische Parlament gehen, um dort zu singen, und kann dort um Hilfe für Kolumbien bitten. Es ist ein sehr wertvolles Medium, um positive Dinge zu erreichen und die Gemeinschaft zu beeinflussen, sich mehr in die Richtung des Liedes oder der CD zu bewegen. Die Musik ist ein Werkzeug des Friedens.

Die Menschen vergleichen dich mit John Lennon und seinem Song «Give peace a chance».
(winkt respektvoll ab) Er ist ein Gott.

Als was möchtest du in zehn Jahren am meisten respektiert werden: als Musiker, Aktivist oder als Philanthrop?
Alle diese Aufgaben sind wichtig für mich. Die Musik hat mich zur Philanthropie gebracht. Es war sehr eigenartig. Als ich vor

ungefähr 15 Jahren ziemlich unbekümmert mit meiner damaligen Band Equimosis gespielt habe, waren wir verschiedentlich in der Gemeinschaft aktiv, jedoch ohne eine klares Konzept oder Ziel zu haben. 1999 schrieb ich ein Lied, das nur von den Minen und den Vertriebenen handelte. Und durch dieses Lied erhielten wir Einladungen zu verschiedenen Events und Veranstaltungen. Und über dieses Lied habe ich Kontakt zu Minenopfern bekommen. Danach habe ich mich mit den Opferstatistiken auseinandergesetzt. Erst dann habe ich verstanden, was in diesen Konflikten abläuft, und dass ich nicht die geringste Ahnung davon hatte. In den nächsten fünf Jahren begann ich dann, systematisch mit verschiedenen Organisationen zu arbeiten, und im Verlauf dieser Jahre wandelte sich die Unbekümmertheit in Gewissheit und Überzeugung und Bewusstsein. Ich habe erkannt, wo eine Lücke war und wo ich helfen konnte. Ich begann mit meiner Stiftung «Mi Sangre» vor zwei Jahren. Dort arbeiten wir mit Minen- und Kriegsopfern zusammen. Wir konzentrieren uns dabei auf die Erziehung und Ausbildung und die psychologische Hilfe, bieten aber keine medizinische Behandlung oder Prothesen an.

Lernst du immer mehr über Philanthropie?
Ja, ich lerne, und die Musik war der Weg, und ich werde diesen fundamentalen Weg weitergehen. Vor einem Monat waren wir bei der Nobelpreisverleihung, und sie stellten Annie Lennox dieselbe Frage. Sie sagte, schon aufgrund der Tatsache, dass wir uns in einer Pressekonferenz mit Journalisten aus aller Welt befänden und über die globale Erderwärmung sprächen, würden wir Menschen erreichen, egal ob diese uns kennen oder unsere Musik hören. Aber die Musik erreicht die Leute, weil sie eine ungeheure Kraft besitzt. So sehe ich das auch. Über die Lieder und die Geschichten werden die Menschen von unserer Realität erfahren.

Vom französischen Kultusminister wurdest du für deine Verdienste zum Ritter geschlagen. Als erster Sänger überhaupt hast du im Europäischen Parlament gesungen, und der kolumbianische Staatspräsident Uribe rühmt deine unbeschreiblichen Verdienste für das Image Kolumbiens im Ausland. Warum respektieren dich die Politiker derart? Gehörst du zu den Personen, welche die Politik braucht, wenn sie selbst an ihre Grenzen stößt?

Ich weiß es nicht. Das einzige, was ich mir vornahm, war, als Bürger aktiv zu sein. In der Politik etwas zu bewirken, heißt nicht unbedingt, politisch zu sein oder einen politischen Diskurs zu führen. Als Bürger Verantwortung zu übernehmen, ist sehr wichtig, das mache ich über meine Musik. Wenn ich über meine Familie, den Krieg oder den Frieden rede, folge ich meinem Herzen und sage die Wahrheit. Ich glaube, es braucht eine Union zwischen den Bürgern und den Herrschenden. Ich glaube, im Moment befindet sich ein Abgrund zwischen ihnen, es gibt keine Bande zwischen den beiden, doch hoffentlich ändert sich das in der Zukunft. Wir lassen uns als Bürger zu sehr hängen.

Willst du eine Allianz mit den Politikern bilden, um die Probleme zu lösen?

Nicht konkret mit den Politikern. Aber was ich sage, ist, dass die Bürger sich ihrer Möglichkeiten, Veränderungen herbeizuführen, bewusst sein müssen. In Kolumbien wird allmählich davon Notiz genommen, was mit den Erschossenen, Entführten und mit der Guerilla-Organisation Farc passiert. Die Menschen nehmen langsam Notiz von dem, was lange Zeit in Vergessenheit geraten war. Das zeigt etwas Teilnahme der Bürger. Wir Jungen denken immer, dass die Politiker langweilig sind oder dass die Politik uns nichts bedeutet, aber sie muss etwas bedeuten, da unser Land uns gehört.

Bist du es – als Juanes –, der die Menschen auf der Welt über-
zeugt, oder die Tatsache, dass jemand aus Kolumbien kommt
und für den Frieden singt?
Es ist das, was ich bin, was sie mir zu Hause beigebracht haben,
wie ich die Welt sehe und welchen Stellenwert die Familie, die
Freunde und das Zusammenleben für mich haben. Wenn ich die
Nachrichten anschaue, kann ich nicht verstehen, warum Menschen, die die Möglichkeiten haben, etwas zu verändern, das nicht
tun. Die Menschen, die an der Macht sind, ändern nichts. Ich bin
35 Jahre alt und ich höre seit Jahren dieselben Geschichten. Du
verstehst nicht, was sie sagen. Nichts passiert. Warum? Fehlen
die Ideen? Die Menschen sind sich nicht bewusst, wie wichtig es
ist, wählen zu gehen. Ich glaube, dass die Menschen, die heute
an den Universitäten studieren, die jungen, viel aufmerksamer
sind. Sie sind es, die unser Land verändern werden.

Unter dem Einfluss von Menschen wie dir?
Es sind viele Sachen. Mich haben verschiedene Menschen beein-
flusst, und ich kann irgendwann wieder auf andere Menschen
Einfluss ausüben.

Setzt du in diesem Sinne die Macht deiner Musik bewusst ein?
Ich würde sagen, in einem sehr gesunden Sinne. Denn ich mache
das, weil man es machen kann. Ich könnte ein ruhiges Leben
führen, mich meinen Konzerten widmen und an irgendeinem
Ort der Welt ruhig leben. Aber es gibt mehr, was man über die
Musik bewegen kann, und deshalb mache ich das auch mit der
Gewissheit, dass dies eine wunderbare Sache ist, die ich in die-
sem Fall für den Frieden in Kolumbien einsetzen kann.

Du wurdest noch vor Shakira auf Platz zwei der einflussreichsten Künstler in Kolumbien gewählt. Was bedeutet dir mehr, der Respekt der Welt oder der in Kolumbien?

Was für mich besonders wichtig ist, ist der Respekt, den die Welt Kolumbien entgegenbringt. Als Kolumbianer mögen wir uns und leben glücklich zusammen. Für mich ist jedoch der weltweite Respekt gegenüber Kolumbien wichtig, weil Kolumbien sein schlechtes Image nicht verdient hat. Während fünfzig Jahren sind schlimme Dinge, Gewalt und Erniedrigungen passiert, die in meinen Augen nie gerechtfertigt waren. Wir sind 40 Millionen Einwohner und haben für 40 000 Personen bezahlt, die dem Land einen schrecklichen Schaden zugefügt haben. Nicht nur das, die ganze Welt konsumiert Drogen, aber natürlich sind wir Kolumbianer die Drogenhändler. Es ist sehr schwierig, weil das Land viel durchgemacht hat und meiner Meinung nach eine Chance verdient. Im Land generiert der Mangel an Chancen einen sehr großen Hass zwischen den Menschen, und weil es in den Ländern Lateinamerikas immer Leute mit viel Geld und sehr viel mehr arme Menschen gibt, kreieren diese riesigen Differenzen, die Armut und die fehlenden Schulen einen unglaublichen Hass und absurde Kriege. Dieser Mangel an Respekt rührt nicht von einem fehlenden Herzen, es ist vielmehr die unausweichliche Folge dieser Zustände. Ein Bauer, der von seiner Arbeit nicht leben kann, schließt sich lieber der Guerrilla an, weil er keine anderen Möglichkeiten hat, was aber nicht zu entschuldigen ist. In Kolumbien erhalten die Kinder in den Landregionen bis zum fünften Lebensjahr keine Ausbildung. Es gibt keine Kindergärten. In diesen fünf Jahren passieren die wichtigsten Entwicklungen bezüglich Charakterbildung und Werten, die man für das Zusammenleben braucht. Wenn sie dann in die Schule kommen, ist die Enttäuschung sehr groß. Und nach dem vierten Schuljahr stellt die Regierung die Unterstützung ein. Dann schließen sie sich der Guerrilla an oder enden auf der Straße. Und wenn du fragst, warum es in Kolumbien keine Schulen gibt, hörst du nur, dass es kein Budget dafür gibt. Das sind Dinge, die man nicht verstehen kann und mit denen man nicht umzugehen weiß.

Wir alle wollen respektiert werden, Weiße, Schwarze, Arme und Reiche. Warum hast du dich für die Unterstützung von Minenopfern entschieden? Kannst du den Respekt der Menschen gegenüber diesen Opfern verbessern?
Ich wählte das Problem der Minenopfer wegen seiner Dimension. Es ist ein gigantisches Problem. Es ist beschämend, sagen zu müssen, dass Kolumbien heute weltweit die Nummer eins bei Minenopfern ist. Darunter befinden sich Jugendliche, Kinder und Greise. Im Durchschnitt treten pro Tag drei Menschen auf Minen. Nicht nur die Soldaten leiden, wenn sie Gliedmaßen verlieren, auch die Familie und allen voran die Kinder. Für mich sind die Opfer Symbol des absurden Krieges, den wir erleben. Für mich ist es wichtig, dieses Problem sichtbar zu machen. Und indem ich das tue, helfe ich, das Bewusstsein dafür zu schaffen. Im Dezember gab es eine Ausstellung des Fotografen Gerbacio Sánchez in Madrid. Über zehn Jahre hinweg hat er Studien von Minenopfern auf der Welt gemacht. Darin gibt es eine Sektion mit Kolumbianern. Du erkennst sie sofort – es ist schlimm. Du selbst hast Kinder und du denkst, das könnte deinen Kindern passieren, wenn sie am Rande des Flusses oder unter einem Baum spielen. Es ist absurd.

Du sagst, dass wir alle Soldaten sind. Fühlst du dich als Soldat?
Ja, wir alle sind Soldaten des Lebens. Ich bin ein Soldat für den Frieden und gegen den Krieg. Wie bei dir sind meine Waffen die Worte und meine Gitarre. Es gibt viele Formen, um zu kämpfen. Das muss nicht immer mit realen Waffen sein, einer kann für seine Ideen kämpfen, mit seinem Bewusstsein, und ich kann mit dir über ein Thema diskutieren, ohne gleich eine Waffe zu ziehen, und das Problem ohne Gewalt lösen. Denn wenn ich deine menschliche Würde verletze, werden wir niemals Frieden

erreichen. Wenn man sich gegenseitig weh tut, erreicht man nie Frieden.

Ist es für dich wichtig, dass dich die Menschen respektieren?
Wenn mich Menschen nicht respektieren, sehe ich darin auch den Grund, weil wir verschieden sind. Nicht alle haben die Fähigkeiten, jemanden oder etwas zu respektieren, manche Menschen sind taktlos, gewalttätig, sie bringen vielleicht wegen ihrer Natur oder Erziehung, was auch immer, keinen Respekt auf. Wir müssen jedoch begreifen, dass wir unabhängig sind und dass man Toleranz gegenüber den Menschen zeigen muss. Wenn dich jemand angreift, der dieses Verständnis nicht mitbringt, musst du dich verteidigen. Wir sagen in Kolumbien: Eine Sache ist es, respektvoll zu sein, eine andere, dumm zu sein.

In einem Interview sagtest du einmal, dass die Medien – wenn auch ungewollt – bekannten Menschen schaden können. Empfindest du einen mangelnden Respekt gegenüber deiner Privatsphäre, seitdem du so wichtig bist?
Acht Monate lang waren meine Frau und ich getrennt. Wir hatten Probleme wie jedes andere Paar. Das hat sich alles zu einer Art Zirkus entwickelt; es war sehr hart. Es war etwas sehr Intimes, was in den Zeitschriften in unserem Land gedruckt wurde. Hier fehlte der Respekt, weil das deine Probleme sind. Ich würde ja auch nicht über dein Verhalten urteilen. Aber die Medien machen dies, und sie verdienen Geld damit und machen daraus ein Geschäft. Das ist respektlos. Es ist sehr leicht, über irgendjemanden zu richten, den du vor dir hast, aber du weißt nicht, was genau passiert. Ich glaube, ich habe eine klare Lektion gelernt, und die lautet: Das Privatleben muss als solches bewahrt bleiben, nämlich privat.

Aber du hast doch als Künstler die Möglichkeit zu sagen: Bis hier und nicht weiter.
Gut, ich bin Musiker, aber auch ein Mensch, der Fehler macht. Ich habe ein Problem mit meiner Frau und spreche in einem Interview darüber, wie wenn ich darüber mit Freunden oder meiner Familie sprechen würde. Warum kann ich nicht mit den Menschen, die mich und meine Musik kennen, darüber sprechen? Da habe ich vielleicht die Türen zu weit geöffnet.

Als ich vor über zehn Jahren in Kolumbien lebte, war ich anfangs naiv und wusste wenig über das Leben in Lateinamerika, über die Gewalt, aber ich war von dem Leben begeistert. Mich überraschte oft, wie sich die Leute über den Mangel an Respekt beklagten, sie sind nicht pünktlich, überfahren rote Ampeln und der Verkehr auf den Straßen ist ein Abenteuer. Gleichzeitig reden sie viel von der Liebe. Eine provokante Frage: Kann man lieben, ohne zu respektieren?
Du bist Deutscher und lebst in der Schweiz. Unter Respekt versteht man dort wohl etwas anderes. Wir sind unpünktlich und vergesslich, aber wir haben eine große Fähigkeit zu lieben, was uns wiederum nicht pünktlich, respektvoll oder korrekt macht. Es ist eine Art, anders zu sein, die wunderbar ist; es ist eine andere Form zu leben, zu lieben. Wenn du jemanden liebst, darf der Respekt nicht fehlen, weil du sonst die Person verletzt. Das darf nicht sein. Aber wenn wir über die Pünktlichkeit oder ähnliches reden, dann sind wir Kolumbianer ein Chaos. Bei einer kolumbianischen Familienfeier gibt es viele Menschen, es geht drunter und drüber, aber so sind wir nun mal, das ist unsere Kultur. Und wenn wir auch nach außen ein chaotisches Bild abgeben, fühlen wir uns deshalb sehr besonders. Wie ich mich als etwas Besonderes fühle, wenn ich nach Deutschland oder Japan reise. In Japan beeindruckt mich der Respekt. Wie sie dich begrüßen, dir nie zu nahe treten, den ganzen Tag «Guten Tag» oder «Guten Abend» sagen. Es hat etwas Übertriebenes, denn ich will dich umarmen

oder dir einen Kuss geben oder «Hallo, wie geht's dir, meine Liebe» sagen. In Japan solltest du keine Frau berühren. Kannst du, wenn's drauf ankommt, mit so viel Respekt eine Frau lieben? Liebe drückt man aus, indem man sagt, «Ich liebe dich mit meinem ganzen Leben», Mariachis [lateinamerikanische Musikkapelle, die man für Liebesständchen organisiert, *Anm. des Autors*] engagiert – das ist Liebe. Liebe ist, alle Gefühle zu wecken, die man mit Respekt nicht unterdrücken kann.

Nach dem einstündigen Gespräch ist mir klar, weshalb Juanes mit seinen ausschließlich spanischen Liedern Fans von Japan bis Finnland erreicht. Seine Botschaft kommt von Herzen und sie betrifft die ganze Welt. Juanes ist trotz seines atemberaubenden Erfolgs er selbst geblieben und kein von PR-Strategen oder Plattenfirmen gemachtes globales Produkt. Für mich wird diese Stunde ein unvergessliches Erlebnis bleiben. Für das Erinnerungsfoto lege ich den Arm um seine Schultern und berühre die knallharten Muskelpakete, die man vom CD-Cover her kennt. «Jeder ist ein Soldat», sagte Juanes. Seine Waffe ist seine Musik.

Respektlos? Für keine Quote der Welt
Sabine Christiansen, TV-Talkmasterin

7. Oktober 2001: Als Folge des Terroranschlags vom 11. September 2001 greifen US-Streitkräfte Afghanistan an. Die Welt hält den Atem an. Ich begleite meinen Mandanten, den russischen Staatsbankpräsidenten Andrej Kostin, zur Livesendung «Sabine Christiansen»; Thema ist «Globalisierung». Auf dieses Thema, das Spezialgebiet meines Kunden, haben wir uns über Wochen hinweg vorbereitet. Neben Kostin ist auch der legendäre ehemalige General-Electric-Chef Jack Welch zu Gast. Aufgrund der weltbewegenden Ereignisse wird die Sendung kurzerhand unter den Titel «Amerika und Russland – gemeinsam gegen den internationalen Terrorismus» gestellt. Zu Beginn der Sendung wird

der damalige Bundeskanzler Gerhard Schröder via Liveschaltung eingeblendet. Es herrscht Totenstille im Fernsehstudio. Es ist die Stunde von Sabine Christiansen. An diesem Abend zeigt sie ihre ganze Klasse. Mit gewohnter Souveränität leitet sie die Show und die Gäste, welche sichtlich im Bann der Ereignisse stehen. Wie niemand vor ihr hat Sabine Christiansen während mehr als zehn Jahren das Gesicht der politischen Talkshow im deutschen Sprachraum geprägt und beherrscht. Ihr Name wurde dabei zur Marke, Beruf und Privatleben waren immer weniger zu trennen. Wenn Journalisten Starkult erreichen, lassen Neid und auch Kritik der Kollegen nicht lange auf sich warten. Im Zeichen der regierenden Großen Koalition gehen einer politischen Talkshow nicht nur die brisanten Themen aus, Politiker nutzen die wachsende Zahl an Polit- und Lifestyle-Shows als Bühne zur persönlichen Profilierung. Um die Einschaltquoten zu steigern, zielen immer mehr Shows unter die Gürtellinie. Das ist nicht die Sache von Frau Christiansen. Mit der weltweiten Talksendung «Global Players with Sabine Christiansen» hat sich die Starmoderatorin neu erfunden und ein unbesetztes Feld an der Schnittstelle zwischen Wirtschaft und Politik geschaffen. Zudem hat sie sich – was immer noch erstaunlich wenige deutsche Stars und Manager schaffen – auf internationalem Parkett durchgesetzt. Sabine Christiansen hat zahlreiche Auszeichnungen erhalten, darunter 1996 die Auszeichnung «Deutsche Frau des Jahres» und 2002 das Bundesverdienstkreuz. Lange bevor philanthropische Engagements von VIPs en vogue waren, engagierte sich Sabine Christiansen im Rahmen ihrer eigenen Kinderstiftung oder als deutsche Unicef-Botschafterin.

Frau Christiansen, Sie zählen zu den erfolgreichsten Talkmastern in Europa. Ihre internationale Show «Global Players with Sabine Christiansen» wird in über hundert Millionen Haushalten weltweit empfangen. Der Vertrag mit CNBC wurde verlängert. Genießen Sie diesen Respekt für Ihre Leistungen nach der teilweise harten Kritik am «Sabine Christiansen»-Format in Deutschland?

Ich freue mich sehr über den Erfolg von «Global Players». Es ist das erste Mal, dass eine europäische Produktion auf diesem Gebiet weltweit reüssiert hat. Alle großen Themen, die uns berühren, sind von globalem Interesse, seien es die Energiepreise, die Bankenkrise, die Umwelt und vieles mehr. Was nicht national zu lösen ist, muss im weltweiten Zusammenhang betrachtet und diskutiert werden. Das ist unser Anliegen mit dieser Sendung. Die erste internationale Auszeichnung für «Global Players» macht das Redaktionsteam und mich sehr stolz. In Deutschland waren wir mit der Sendung «Sabine Christiansen» über einen Zeitraum von zehn Jahren absoluter Marktführer im Bereich der politischen Talkshow – Kritik hin oder her. Davon haben sich die Zuschauer nicht beeinflussen lassen. Respekt dürfen Sie jedoch für eine derartige Leistung von deutschen Journalisten kaum erwarten – eher neidvolle und verletzende Kritik vor dieser Leistung. Das gehört heute wohl dazu im harten Kampf um schwindende Leserzahlen.

Sie interviewen die wichtigsten Politiker der Welt wie den US-Präsidenten George W. Bush oder den ehemaligen Bundeskanzler Gerhard Schröder. Um zur Wahrheit vorzudringen, müssen Sie den Respekt vor großen Namen ablegen und gleichzeitig Contenance bewahren. Wie erreichen Sie in diesem Spannungsfeld Ihre Ziele?

Wir haben alle großen Politiker und Politikerinnen vor die Kamera bekommen, und das dazu noch in den spannendsten Momenten: US-Verteidigungsminister Rumsfeld, als er Deutschland mit Libyen verglich, Colin Powell nach dem verheerenden CIA-Bericht, Condoleezza Rice, als Abu Ghraib passierte etc. Immer Momente, in denen äußerst kritische Fragen angebracht waren und auch gestellt wurden. Ähnlich erging es uns mit dutzenden von deutschen Gästen, die in brenzligen Situationen doch zu mir gekommen sind. Der Schlüssel dazu heißt Fairness! Auch in sehr heiklen Situationen kann man mit Menschen kritisch, aber fair umgehen, respektvoll, aber hart in der Sache.

Medien haben immer weniger Respekt vor der Privatsphäre. Auch Ihr Privatleben wird permanent in den Medien behandelt. Wie weit darf der Journalismus gehen?
Respekt vor dem Privatleben gibt es nicht mehr. Dazu haben Hollywoodstars mit exzessiven Darstellungen ihres Privatlebens in der Presse genauso beigetragen wie eine scharfe Konkurrenz unter den Boulevardblättern hierzulande. Was Auflage macht, wird behauptet, Wahrheit hin oder her. Wo wir mehr Privatleben in Paris vermutet haben, werden wir stattdessen von Motorrädern verfolgt. Aus jedem Restaurant auf Mallorca existieren Urlaubsfotos, die sich die Yellow Press ausschnittweise zurechtlegt, wie sie sie gerade haben will. Ein wenig Respekt vor einer Privatsphäre ist ein großer Wunsch 2008.

Im Ranking des deutschen Lifestyle-Magazins Gala *rangieren Sie auf der Liste der beliebtesten Eventgäste wegen Ihres «großen Charismas und Charmes» auf Platz drei. Sie liegen dabei weit vor Franz Beckenbauer, Gerhard Schröder oder Boris Becker. Was ist Ihnen wichtiger, beliebt zu sein oder respektiert zu werden?*
Respekt für eine berufliche Teamleistung – das ist mir am wichtigsten in der Öffentlichkeit. Es geht weniger um mich, aber um Respekt für ein Produkt, für das die Kollegen hart arbeiten und ihre ganze Kraft einsetzen. Ich nehme mich dabei persönlich nicht so wichtig – auch nicht auf dem roten Teppich. Da wir nur sehr selten auf Partys gehen, ist auch ein freundliches Ranking kein Kriterium für uns. Ich denke auch nicht, dass eine Beliebtheit beim Zuschauer etwas damit zu tun hat, wie oft und auf welche Partys man geht. Dort geht es um Kompetenz und Sympathie.

Die Medien weltweit haben an Respekt und Glaubwürdigkeit ver-
loren. Nach den Terroranschlägen vom 11. September 2001 beugten
sich US-Journalisten dem Druck der US-Regierung und fühlten
sich nicht mehr der Wahrheit verpflichtet. Die einflussreichsten Me-
dien sind in der Hand weniger Medienmogule. Was kann ein einzel-
ner Journalist dagegen tun?

Wir befinden uns in der Tat im Zeitalter einer starken Medien-
konzentration. Das wäre mehr als bedenklich, wenn nicht
gleichzeitig mehr und mehr Mediennutzung im Internet statt-
finden würde. Das Web 2.0 hat den großen Konzernen die Macht
des Einzelnen vor Augen geführt. Ein jeder ist TV-Produzent,
Journalist und Fotograf der Zeitgeschichte gleichermaßen. Daher ist die mediale Macht keine Frage mehr der Großkonzerne
allein. Das ist wichtig und gut. Eine große Umstellung gleichermaßen.

Wie gestalten Sie im Vergleich zu den früher ausschließlich deut-
schen Gästen bei «Sabine Christiansen» den Umgang mit den in-
ternationalen Gästen aus unterschiedlichsten Kulturkreisen?
Respektieren Sie kulturelle Feinheiten oder gibt es einen global
einheitlichen Verhaltenskodex?

Jede Kultur hat ihre eigenen Regeln – das gilt auch für einen
respektvollen Umgang mit allen Gästen, wenn man weltweit
produziert. Hier sind sowohl durch eine sehr international be-
setzte Redaktion als auch durch weltweite Produktionsteams
große Erfahrung vonnöten. Natürlich gibt es neben kulturellen
Besonderheiten mittlerweile internationale Spielregeln, die alle
Player in den globalen Unternehmen kennen. Die Welt ist bis in
ihre Winkel hinein vernetzt. Dennoch bleibt jedes Mal die Beset-
zung einer solchen Sendung eine große Herausforderung.

Respekt ja, Angst nie
Silvano Beltrametti, Weltklasse-Skirennfahrer

Respektierte Persönlichkeiten sind oftmals nicht die Menschen, die einem spontan in den Sinn kommen oder die einen festen Platz in Medien und Lifestylemagazinen gebucht zu haben scheinen. Bei den «Schweizern des Jahres» oder den jedes Jahr veröffentlichten Society-Rankings fragt man sich dann zu Recht, warum einige dieser Menschen so wichtig sein sollen. Doch mit Präsenz in den Medien sichert man sich keinen Respekt. Nach einigem Nachdenken erinnert man sich an bemerkenswerte Menschen wie Silvano Beltrametti, das große Schweizer Skifahrertalent, das vor sechs Jahren bei der Abfahrt unglücklich stürzte und seitdem querschnittsgelähmt im Rollstuhl sitzt. Das Interesse der Medien nach dem Unfall war groß, sogar von Johannes B. Kerner erhielt der verunglückte Spitzensportler eine Einladung zu dessen gleichnamiger Show. Danach wurde es in den Medien still um ihn. Einige Tage nach meiner Anfrage für ein Interview erhalte ich von Herrn Beltrametti die Bestätigung. Silvano Beltrametti arbeitet in einer Sportmanagementfirma in Chur. Als er mich empfängt, spüre ich eine gewisse Unsicherheit bezüglich meiner Person und den Fragen, die ich ihm stellen werde. Kurze Zeit später sitzt mir ein Athlet gegenüber, dessen Vitalität und Energie mich nach wenigen Minuten sein Schicksal vergessen lässt. Silvano Beltrametti ist alles andere als ein gebrochener Mann. Im Gegenteil, er strahlt Optimismus und eine ungeheure Stärke aus.

Herr Beltrametti, was bedeutet für Sie Respekt?
Vor Leuten, die man respektiert, hat man Hochachtung. Man blickt zurück, was sie in der Vergangenheit geleistet haben. Deshalb kann ich vor einem Menschen, dem ich auf der Straße zum ersten Mal begegne, nicht diese Art von Respekt haben. Ich respektiere nur Personen, die sich nicht verstellen, nur dann sind sie glaubwürdig. Respekt und Achtung habe ich auch vor der Natur,

den Bergen und der damit verbundenen Tierwelt. Respekt vor ihrer Stärke und ihrer Unberechenbarkeit. Die Natur ist immer stärker als der Mensch. Sie schlägt zurück, wenn es ihr zu viel wird.

Hatten Sie Respekt vor den verschiedenen Weltcup-Abfahrten?
Ich hatte vor jeder Abfahrt Respekt. Je nach Abfahrt mal mehr, mal weniger. Mein Respekt vor Kitzbühel war immer groß. Wenn man den Respekt verliert, macht man Fehler. Ich hatte immer Respekt, aber nie Angst. Das ist eine Gratwanderung. Ein Zuviel oder ein Zuwenig an Respekt kann über Sieg oder Niederlage entscheiden. Man weiß, es kann etwas passieren. Man hat auch Respekt aufgrund von Verletzungen, die andere Fahrer in der Vergangenheit erlitten haben. Bei Traditionsabfahrten wie der Streif habe ich schon aufgrund ihrer Geschichte Respekt. Am Tag der Abfahrt spürt man, dass es etwas Besonderes ist. Dann konzentriert man sich auf die wenigen Minuten und geht alles im Kopf durch. Wenn man dann mit der Gondel zum Start hinauffährt und auf die gut gelaunten und feiernden Menschen im Zielraum blickt, fragt man sich: «Was mache ich hier eigentlich?» Das ist ein eigenartiges Gefühl.

Hatten Sie Respekt vor Ihren Gegnern?
Respekt im Sport ist für mich Fairness. Auch der Zehnte oder Fünfzehnte verdient Respekt, auch wenn er eine oder zwei Minuten später ins Ziel kommt. Vor großen Namen hatte ich nie Respekt. Sie hatten mir imponiert und mich gleichzeitig herausgefordert. Ich habe mir zugetraut, sie alle zu schlagen.

Wie erleben Sie die Grenze zwischen Respekt und Mitleid?
Mitleid spüre ich beim ersten Blick eines Menschen. Er denkt dann: «Du bist ein Armer. Ich habe was, was du nicht hast.» Dann mache ich sofort zu. Wenn man dann meine und seine Situation im Detail vergleicht, stehe ich auf derselben Stufe wie er. Ich brauche allenfalls Unterstützung im Rolli, aber keineswegs

Mitleid. Mitleid brauchte ich in den ersten Stunden des Unfalls und bei einer Trauer um einen Angehörigen, der stirbt. Ich brauche aber kein Mitleid, weil ich im Rollstuhl sitze. Ich habe mich wieder nach oben gekämpft. Ich habe ein glückliches Leben. Ich kann Skifahren, Sport machen und habe Freunde.

Hat sich Ihr Respekt vor dem Tod nach dem Unfall geändert?
Ja, heute weiß ich, dass der Tod der endgültige Abschluss des Lebens ist. Jeder Mensch, der ein zufriedenes Leben führt, will, dass es nicht zu Ende geht. Der Unfall hat meine Einstellung zum Tod geändert. Ich gehe mit meinem Leben viel bewusster um. Nichts ist für mich mehr selbstverständlich. Eine Zehntelsekunde, in der ich einen Fehler gemacht habe, hat mich fast das Leben gekostet. Man muss gewappnet sein, dass morgen alles vorbei sein kann. Vor dem Unfall war mir nicht bewusst, wie schnell alles gehen kann. Heute, sechs Jahre nach meinem Unfall, weiß ich, dass ich nicht nur verloren, sondern auch gewonnen habe. Ich gehe heute anders mit Problemen um und habe nicht mehr den Tunnelblick des Spitzensportlers. Die Probleme haben mich unheimlich stark gemacht.

Sie setzen sich für Behinderte ein. Wie geht die Gesellschaft mit Behinderten um? Erfahren Sie genügend Respekt?
Respekt ist vorhanden. Jeder erfährt Respekt, wenn er aus seiner Situation etwas macht. Er kriegt Wertschätzung zurück. Gesunde Menschen sehen nicht die baulichen Hürden, denen ein Behinderter tagtäglich in Gebäuden und im öffentlichen Verkehr ausgesetzt ist. Das passiert nicht aus mangelndem Respekt heraus, sondern weil die Menschen es einfach nicht sehen. Sie leben in ihrer Welt. Ich selbst habe es auch nicht gesehen. Mit dem Unfall hat sich mir auch eine neue Welt erschlossen. Ich sehe mich auch als Botschafter für Behinderte.

Wie gingen Sie als Abfahrer mit dem Wechselspiel Mut und Respekt um?

Es geht um die Einschätzung der eigenen Fähigkeiten im Moment. Wie weit kann ich gehen, wie nah gehe ich ans Limit? Als junger Fahrer hat man nicht die Routine oder man geht zu weit. Man ist sehr stark getragen von den Fans, und es kann schnell passieren, dass man übermotiviert ans Werk geht. Fehleinschätzungen sind verhängnisvoll. Man macht einen Fehler und stürzt. Wenn man die Grenze überschritten hat, hat man immer verloren. Man muss sich langsam an das Limit herantasten. Von Fans habe ich mich nie unter Druck gesetzt gefühlt. Ich habe mir den Druck immer selbst gemacht.

Für was verdienen Sie Respekt in Ihrem Leben?

Ja, ich denke schon, dass ich Respekt verdiene. Sicherlich verdiene ich mehr Respekt für mein Leben nach dem Unfall. Ich bin wieder aufgestanden und habe mich zurück in ein glückliches Leben gekämpft. Als Sportler war ich sehr ehrgeizig, doch der Kampf nach meinem Umfall war viel härter als meine früheren Anstrengungen, an die Weltspitze zu kommen.

Wer bringt Ihnen Respekt entgegen?

Die Menschen respektieren mich heute mehr als vor dem Unfall, weil sie sich vorstellen können, was ich durchgemacht habe. Es kamen aber auch die Schulterklopfer zu mir, weil ich bekannt war und im Rampenlicht stand. Danach waren sie verschwunden. Das spürte ich sofort.

Wie erleben Sie den Respekt seitens der Medien?

Nach meinen Umfall habe ich gespürt, dass sie an meiner Persönlichkeit interessiert sind. Ein ganzes Jahr begleitete mich zum Beispiel das *Schweizer Fernsehen* im Rahmen einer Dokumentation. Ich hatte enormen Rückhalt und habe die Medienpräsenz auch gezielt genutzt, um auf die Situation tausend anderer Rollstullfahrer aufmerksam zu machen. Danach ist das Interesse an meiner Person verständlicherweise abgeflaut.

Nach einer Stunde verlasse ich das Büro von Herrn Beltrametti. Auf meiner Rückfahrt von Chur nach Wollerau bewundere ich die imposante Schweizer Bergwelt, die mir nach dem eindrücklichen Gespräch besonderen Respekt einflößt und etwas bedrohlich auf mich wirkt. Es hat geschneit. Ich denke an den Abfahrer Beltrametti und seine Worte: «Die Natur gewinnt immer.»

Kampf gegen Windmühlen
Peter Heidlmair, Sozialunternehmer

Während in Deutschland die Parteien aller Couleur das Thema «Jugendkriminalität» für sich entdecken und der Wählergunst willen gefährlich rechtslastige Vorschläge wie die Einführung von Erziehungscamps entwickeln, fokussieren Sozialunternehmer wie Peter Heidlmaier statt Symptomen die Ursachen für abweichendes Verhalten. Anstatt die Kinder zu kasernieren, bietet er ihnen in der Nähe von Linz einen Lebensraum, in dem sie respektiert werden und Respekt erlernen. Dabei müssen er und seine über tausend Mitarbeiter immer wieder gegen gesellschaftliche Widerstände ankämpfen.

Deine Institution betreut Kinder am Rande der Gesellschaft. Welche persönliche Motivation steht dahinter?
Wir sind ein Familienunternehmen, das seit mittlerweile 35 Jahren sozialpädagogische Dienstleistungen anbietet. Auftraggeber sind Bezirksverwaltungsbehörden und Landesregierungen aus ganz Österreich. Hinter meinem Engagement steht eine unternehmerische Motivation – mit allen Facetten der Risikobereitschaft, Liebe zur Arbeit und Professionaliät. Somit kann ich die bestmöglichen Rahmenbedingungen für die Kids schaffen. Fehl am Platz sind bei unserer Arbeit vor allem die in

unserer Branche immer noch übliche Scheinheiligkeit und das Mitleid.

Als selbstständiger Unternehmer übernimmst du eigentlich Funktionen, die der Staat leisten müsste. Erhältst du dafür genügend Respekt?

Provokant gefragt: Von wem soll ein selbstständiger Unternehmer, der noch dazu Geld mit dem Schicksal anderer verdient, Respekt erwarten? Von den Mitarbeitern, vom Staat, Schule, Polizei, von der Gesellschaft, Nachbarn, den Kunden oder der Familie? Die Gesellschaft ist noch nicht weit genug, um unserer Arbeit den gebührenden Respekt entgegenzubringen. Ich vergleiche unsere Tätigkeit mit der eines Arztes. Wenn du krank bist, gehst du zum Arzt. Wenn die Gesellschaft krank ist, kommt sie zu uns. Im Gegensatz zum Mediziner werden wir nicht an den Behandlungsmethoden gemessen, sondern daran, wie sich unsere Kinder verhalten. Die Ursachen für ihr abweichendes Verhalten werden in der öffentlichen Diskussion meist ausgeblendet. Dabei wäre es absolut wichtig, die Randgruppe als Bestandteil unserer Gesellschaft zu akzeptieren und nicht auszugrenzen. Medial werden Institutionen der Jugendwohlfahrt als Spendenempfänger wahrgenommen. Wie es anders geht, haben wir bewiesen. Man kann Unabhängigkeit durch wirtschaftliche Kompetenz erreichen. Wir könnten viel mehr bewegen, wenn wir nicht in der Öffentlichkeit als Bittsteller dargestellt würden, sondern als Profis, die ihr Handwerk verstehen und als solche respektiert werden wollen.

Welchen Stellenwert hat Respekt für die von euch betreuten Kinder? Von wem möchten die Kinder respektiert werden?

Die Kids wollen in erster Linie von ihren Eltern respektiert werden. Sehr wichtig ist der Freundeskreis. Aber auch Respekt vom Betreuerteam wird erwartet. Bekommen die Kids nicht die gewünschte Aufmerksamkeit, verschaffen sie sich diese auf teilweise sehr unkonventionelle Art und Weise. Meist stehen sie dann in der Zeitung, weil sie sich ins Koma gesoffen haben, oder werden delinquent, um bei ihresgleichen etwas darzustellen. Respekt erlangen die Kids auch über Fähigkeiten, die sie von den anderen abheben. Meist sind es körperliche Überlegenheiten, die Respekt einflößen. So lauteten die Antworten von Jugendlichen auf die Frage, wann sie bei Gleichaltrigen Respekt empfinden: «Wenn jemand etwas macht, was ich nicht kann.» Oder: «Wenn jemand das, was er macht, gut macht.» Respekt hat bei den Kids einen hohen Stellenwert, da er den Kindern in ihren Beziehungen Sicherheit bietet.

Die Kinder sind verhaltensauffällig beziehungsweise nicht inte-grierbar in die Gesellschaft. Welchen Einfluss hat der Mangel an Respekt auf dieses Verhalten?
Der Mangel an Respekt hat einen maßgeblichen Einfluss auf die Entwicklung der Kinder. Zum einen scheitert es am teilweise massiven Widerstand der Gesellschaft, die «Problem»-Kids anzu-erkennen und als Teil der Gesellschaft zu akzeptieren. Der da-raus resultierende Frust führt zum Teufelskreis. Nach dem Mot-to, «Ist der Ruf erst ruiniert, lebt es sich ganz ungeniert», fallen natürliche Hemmschwellen früher, die in der Folge sehr schwer wieder aufzubauen sind. Integrierte Kids und deren Eltern müssten mehr Respekt gegenüber diesen Kindern aufbringen.

«Activity 4 Kids» hat zum Ziel, «den Selbstwert der jungen Men-schen durch das Erlebnis von verschiedenen Sportarten sowie durch Erlebnisse in der Natur zu stärken»? Welchen Erfolg habt ihr damit? Ist das Ziel, über Respekt zur Natur den Respekt zum Menschen zu finden?
Wir motivieren unsere Kids mit Aktivitäten, die ihnen Spaß ma-chen. Die Kinder zeigen viel Durchhaltevermögen und entwickeln einen unwahrscheinlichen Ehrgeiz. Diese Tugenden verlangen uns Betreuern einen gewissen Respekt ab. Das Erlebte steht im

Mittelpunkt, zentriert das Kind auf das Hier und Jetzt. Mittelfristig wird die Möglichkeit geschaffen, sich durch die erlernten Fähigkeiten besser in die Gesellschaft zu integrieren und ein vernünftiges Freizeitangebot nutzen zu können. Wir beobachten aber auch, dass Kids, die sich durch ihre besonderen Fähigkeiten von den anderen abheben, in ihrer Gruppe bewundert werden.

Wie beeinflusst dein Programm die Kinder, die Gesellschaft, ihre Normen und Verhaltensweisen zu respektieren und gleichzeitig selbst mehr Respekt von anderen zu erfahren?
Den Kindern, die zu uns kommen, fehlt jegliche Orientierung, und sie müssen erst zu sich selbst finden. Die Stärkung des Selbstrespekts ist ein zentraler Teil unserer Arbeit. Unsere Kids sind erst dann in der Lage, andere zu respektieren, wenn sie sich selbst, so wie sie sind, anerkennen. Leider stoßen wir nicht immer auf eine tolerante Gesellschaft, die für die heutigen Problemstellungen das notwendige Verständnis aufbringt. Wir kämpfen einen Kampf gegen Windmühlen.

Gegen den Strom schwimmen
Damaris Hardmeier, Schülerin und Lebensretterin
Während die Tendenz zum Wegschauen oder Weghören in unserer Gesellschaft sich verbreitet, Zivilcourage oder Mut immer seltener zum Vorschein kommen und sich jeder mehr oder weniger nur um sich selbst kümmert, fallen Heldentaten umso mehr auf. Insbesondere von einem erst 15-jährigen Mädchen. Am 28. Oktober 2005 hat Damaris Hardmeier ein Menschenleben gerettet. Während die Menschen am Unfallort tatenlos dastanden, schritt sie unvermittelt zur Tat. Helden stellt man sich etwas anders vor. Damaris ist heute 17 Jahre alt und circa 1,60 Meter groß. Sie ist eine «Seconda», ihre Mutter stammt aus Peru. Wir haben uns im Migros-Café in ihrer Nähe verabredet. Sie kommt mit dem Motorradhelm unter dem Arm und wirkt zierlich und

gleichzeitig selbstbewusst. Nach ihrer Heldentat war ihr der ganze Rummel um ihre Person unangenehm.

Damaris, als «Ritterin der Straße» verdienst du in jungen Jahren Respekt. Was hast du gemacht?
Ich habe etwas getan, was für mich normal ist. Als ich kurz vor Mitternacht einen lauten Knall hörte, wusste ich, dass wieder mal ein zu schnell fahrender Wagen aus der Kurve geraten war. Ich packte meine Taschenlampe und ging zur Unfallstelle. Dort begegnete ich zwei jungen Männern, die unbeholfen vor dem verunglückten Auto standen. Darin befand sich ein Fahrer, eingeklemmt und kurz vorm Ersticken. Ich holte mit einem Tuch die Blutklumpen aus dem Mund des Verletzten, rief den Notarzt an und drückte dem Opfer die Hand. Nach Eintreffen der Sanitäter kümmerte ich mich noch um den Verletzten. Danach dachte ich: «Die Sache ist erledigt.» Doch dann kam das, was ich nicht mochte. Es war mir peinlich. Eine Auszeichnung an der Schule, der Medienrummel mit *20 Minuten* und *Radio Energy*. Damit nicht genug: Kurze Zeit später erhielt ich eine Einladung vom Bundeshaus Ich ging nur meinem Großvater zuliebe, der war nervöser als ich.

Fühlst du dich respektiert?
Was andere von mir denken, ist mir nicht wichtig. Ich respektiere Menschen, die gegen den Strom schwimmen. Schöne Kleider, Autos beeindrucken mich nicht. Sie sind nichts wert. Als einzige Frau im Unternehmen arbeite ich auf dem Bau. Da gibt es keine «Zickenkriege». Da wird direkt gesagt, was man denkt. Da geht's schon mal verbal zur Sache. Danach ist alles wieder in Ordnung. Auf dem Bau ist der Zusammenhalt viel größer. Ich will als Gleichwertige von meinen Kollegen akzeptiert werden. Ich will nicht hören: «Du musst den Kübel nicht tragen, weil er zu schwer ist.»

Vor wem hast du Respekt?

Ich respektiere meine Mutter. Sie kam unter vielen Entbehrungen aus Peru in die Schweiz und hat sich den Status hier hart erarbeitet. Sie pflegt alte Menschen. Respekt habe ich vor dem Schweizer Rapper Gimma: Er rappt über das, was er erlebt hat, und sagt es. Den Respekt vor der Polizei habe ich verloren. Die schauen nur, dass sie mit möglichst vielen Strafzetteln Geld machen, und kümmern sich nicht mehr um das, wofür sie da sind. Ein Freund wurde auf dem Markt in Uster überfallen. Als er dies der Polizei meldete, haben die ihn nach dem Namen des Täters gefragt. So ein Schwachsinn: Soll das Opfer noch nach der Visitenkarte fragen?

Respekt, ja Demut vor dem Geld anderer
Friedrich von Metzler, Privatbankier

Die Milliardenbetrüger bei der französischen Société Générale lassen den Verantwortlichen im Baringskandal von 1995 schon fast als Waisenknaben erscheinen. Der Börsencrash zu Beginn des Jahres 2008 wird begleitet von einer nicht enden wollenden Kette an Hiobsbotschaften über Milliardenabschreibungen der Großbanken im Zuge der US-Immobilienkrise. Das Schlimmste ist – trotz aller Corporate Governance und Compliance-Vorschriften scheint niemand mehr den Überblick über das Ausmaß der Verluste und die Verflechtungen zwischen den Finanzinstituten zu haben. Mitgehangen, mitgefangen: Nicht nur die führenden Investmentbanken sind mit wenigen Ausnahmen von dieser Krise betroffen, sondern auch zahlreiche – zumindest nach außen hin – auf Diskretion, Sicherheit und Solidität bedachte Verwalter institutioneller und privater Vermögen. Viele Privatbanken haben sich in den letzten Jahren in die Hände gefräßiger und anonymer Finanzinstitute begeben, die sich eher dem Shareholdervalue als dem Kunden verpflichtet fühlen. Im Kampf um Marktanteile werden gesamte Teams in der Vermögensverwaltung oder im Investmentbanking aus einer Bank herausgekauft und in ein anderes Unternehmen mit einer anderen Unternehmenskultur verpflanzt. Die Bankenchefs werden in einem Tempo ausgetauscht, dass sich kaum jemand mehr ihre Namen merken kann. In einem ruinösen Circulus vitiosus werden Talente in guten Zeiten durch viel Geld angeworben, um sie in schlechten Zeiten kurzerhand auf die Straße zu setzen. Es leiden nicht nur diese Menschen, sondern auch die Reputation der Unternehmen. Wenige Privatbanken allerdings konnten der Verlockung des schnellen Geldes widerstehen und sich die Unabhängigkeit und Selbstbestimmung bewahren. Sie profitieren von der Krise. Eines davon ist das Bankhaus B. Metzler seel. Sohn & Co. Kommanditgesellschaft auf Aktien, kurz Metzler. 2007 feierte das Bankhaus mit Sitz in Frankfurt seine seit 333 Jahren währende Unabhängigkeit und ist stolz darauf, seine Geschicke selbst bestimmen zu können.

Herr von Metzler, Ihr Bankhaus zählt zu den renommiertesten Adressen in Europa. Wie erleben Sie den Respekt, der Ihnen dafür entgegengebracht wird?
Wir freuen uns natürlich, wenn unseren Mitarbeitern und deren Leistung Anerkennung entgegengebracht wird. Ich erlebe diese Art der Wertschätzung immer dann, wenn Kunden unseren Rat einholen. Doch meine Mitarbeiter und ich wissen, dass diese besondere Form der Anerkennung keine Selbstverständlichkeit ist, sondern das Ergebnis von kontinuierlicher und nachhaltiger Arbeit. Der Respekt, den wir unseren Kunden entgegenbringen, spielt dabei eine zentrale Rolle. Nur deshalb können wir damit rechnen, dass uns umgekehrt andere Menschen mit Anerkennung begegnen, seien es unsere Kunden oder unsere Mitbewerber. Entscheidend ist jedoch, dass dieser besondere Umgang auch in unserem Hause zwischen den einzelnen Mitarbeitern gepflegt wird. Man muss den Respekt anderen gegenüber fest verinnerlicht haben, nur dann wirkt er auch authentisch.

Wird dabei primär Ihr persönliches Verdienst gewürdigt oder werden Sie eher als ein Teil der Familientradition gesehen? Wie sehen Sie selbst Ihre Rolle?

Alle Mitarbeiter von Metzler tragen letztlich dazu bei, wie unser Haus eingeschätzt wird. Wir dürfen jedoch nicht vergessen, dass es vor allem die Generationen vor uns waren, die das tragfähige Fundament für die heutige Reputation von Metzler gelegt haben. An dieser Stelle möchte ich ganz bewusst meinen Vater Albert von Metzler nennen. Er setzte sich 67 Jahre mit Weitsicht und Gestaltungskraft für unser Haus ein und ist mir heute noch Vorbild. Antriebskräfte waren sein Verantwortungsbewusstsein, seine Neugier und seine Unvoreingenommenheit. «Man darf sich durch das Tagesgeschäft nicht davon abhalten lassen, zu überlegen, ob die heutige Strategie noch die richtige für die Zukunft ist», so sein Credo, das ich gern übernommen habe. Nicht zu vergessen mein Onkel Gustav von Metzler, der in der Nachkriegszeit unser Bankhaus durch schwierige Zeiten lenkte. Auch das bürgerschaftliche Engagement wurde in unserer Familie stets großgeschrieben. So war meine Schwester Barbara von Metzler jahrelang Vorsitzende der Administration des Städel-Museums und brachte sich dort mit großem Engagement ein. Renate von Metzler, die Witwe meines verstorbenen Cousins Christoph von Metzler, ist seit einigen Jahren Vorsitzende im Landesverband Hessen der Deutschen Multiple Sklerose Gesellschaft (DMSG) und leistet damit einen entscheidenden Beitrag im Sinne unserer Familientradition. Ich sehe mich selbst als Glied in einer sehr langen Kette von Familienangehörigen. Daher betrachte ich es als meine selbstverständliche Pflicht, mich im Sinne jener vorgelebten Familientradition für das Bankhaus Metzler wie auch für gemeinnützige Belange einzusetzen. Ich bin sehr froh, dass dieses Engagement auf mehrere Schultern verteilt wird und sich auch meine Frau als Vorsitzende des Städelschen Museumsvereins so stark einbringt.

Ist es für Sie persönlich wichtig, respektiert zu werden? Welchen Stellenwert hat Respekt in Ihrer Unternehmenskultur?
Respekt ist für unser Bankhaus ein ganz entscheidendes Schlüsselkriterium, an dem wir andere, aber vor allem uns selbst immer wieder messen. Vertrauen, Achtung, Höflichkeit und Toleranz schätzen wir in diesem Zusammenhang als elementare Werte, ohne die so etwas wie Respekt gar nicht erst entstehen kann. Nur wer den anderen achtet und respektiert, kann für sich selbst in Anspruch nehmen, geachtet und respektiert zu werden. Was für den Einzelnen gilt, trifft selbstverständlich auch für ein gesamtes Unternehmen zu.

In den letzten Jahren wurden an den Weltmärkten große Werte geschaffen und auch vernichtet. Wie manifestiert sich Ihr Respekt vor dem Kapital anderer Menschen sprich Ihrer Kunden?
Der Respekt vor dem Geld, das uns die Kunden anvertrauen, ist für uns entscheidend. In diesem Zusammenhang könnte sogar der Begriff «Demut» besser passen. Unsere Kunden kommen zu uns, um ihr Vermögen in sichere Hände zu geben, zu einer Bank, bei der sie darauf zählen können, dass sie sich für den Erhalt ihres Vermögens einsetzt. Denn nur ein gut gesichertes Vermögen schafft Handlungsfähigkeit, und nur ein Vermögen, das auch den Krisenfall übersteht, gewährt dem Kunden Sicherheit.

Vor ein paar Tagen hat das Weltwirtschaftsforum den Bericht «Global Risks Report 2008» veröffentlicht und mahnt darin vor systemimmanenten Risiken. Wie ausgeprägt ist Ihr Respekt vor diesen Risiken und wie setzen Sie diesen in Ihrer Arbeit um?
Vor möglichen Risiken haben wir selbstverständlich einen großen Respekt. Doch dies darf nicht dazu führen, dass man sich verunsichern lässt oder sogar unüberlegt in Panik gerät. Ein gesundes Maß an Respekt ist jedoch die Gewähr für einen umsichtigen und nachhaltigen Umgang mit dem uns anvertrauten

Vermögen. Den angesprochenen Risiken begegnen wir mit einer ganzen Reihe von Schutzmechanismen, beispielsweise mit unserem internen Konzern-Controlling. Bei allen technischen Optionen darf jedoch niemals der gesunde Menschenverstand vergessen werden, der eine mindestens ebenso gute Gewähr bietet, um den verschiedenen Risikoformen zu begegnen.

Vermögenden Kunden ab 50+ werden oftmals unerfahrene Berater vorgesetzt, was als respektlos empfunden wird. Wie sichern Sie den optimalen «match» zwischen Kunde und Berater?
Unsere Berater sind im Schnitt mehr als zehn Jahre in unserer Bank tätig und haben aufgrund ihrer Erfahrung ein gutes Gespür für den Umgang mit unterschiedlichen Generationen. Neben der nötigen fachlichen Qualifikation und Praxiserfahrung verfügen sie daher über ausreichend zwischenmenschliches Einfühlungsvermögen. Ein Kunde hat bei uns nicht selten jahrzehntelang denselben Ansprechpartner, wenn er es wünscht. In unseren Einstellungsgesprächen legen wir auf die Menschlichkeit und Glaubwürdigkeit unserer Bewerber sehr viel Wert. Darüber hinaus durchlaufen die noch jungen Hochschulabsolventen bei uns ein umfassendes sechsmonatiges Traineeprogramm, in dem wir nicht nur fachliches Spezialwissen vermitteln, sondern auch die sozialen Fähigkeiten des jungen Menschen im Blick haben. Wir legen Wert darauf, dass der Bewerber zu unserem Haus und zu unserer Unternehmenskultur passt. Unter unseren Mitarbeitern entsteht somit ganz automatisch ein generationenübergreifendes Miteinander, in dem die jüngeren von den älteren und erfahrenen Kollegen lernen und profitieren. Die nächste Generation wird somit umsichtig an ihre Aufgaben herangeführt.

Der Respekt vor Banken hat in letzter Zeit nicht zuletzt aufgrund der Immobilienkreditkrise gelitten. Ihr Bankhaus war davon nicht betroffen. Inwieweit bewahrt Ihre traditionelle Unabhängigkeit Sie vor einem derartigen Verlust an Respekt?

Unsere Unabhängigkeit war, ist und bleibt unser wichtigster Wert, an dem wir weiterhin festhalten. Gerade in unserer schnelllebigen globalisierten Welt, die immer wieder durch verschiedene Krisen gezeichnet ist, muss an bestimmten Werten festgehalten werden. Menschlichkeit, Unternehmergeist und Unabhängigkeit halten wir daher gerade heute für Tugenden, die es nach wie vor zu leben gilt und die für unsere Bank im Besonderen maßgebend sind. Wir sind der Meinung, dass nur derjenige unabhängig beraten kann, der parallel keine eigenen Geschäftsinteressen verfolgt.

Diskretion ist eine «conditio sine qua non» in Ihrem Geschäft. Gleichzeitig fordern internationale Behörden zunehmend Transparenz. Wie sichern Sie in diesem Spannungsfeld den Respekt dieser Organe vor Ihrem Geschäft?

In der Tat ist die Diskretion eine Voraussetzung, ohne die es im Bankengewerbe nicht geht, ohne die das nötige Vertrauen zwischen Kunde und Bank nicht entstehen kann. Die Gleichzeitigkeit von Diskretion und Transparenz ist für uns allerdings keine Unmöglichkeit. Im Gegenteil. Selbstverständlich erhalten alle zuständigen Behörden im Rahmen der gesetzlichen Vorschriften auch bei uns einen umfassenden Einblick.

Mutmacherin der Nation
Gabriele Wander, Unternehmerin

Wenn die nach der kalten Logik der Globalisierung funktionierenden Konzerne auch in Zeiten von Rekordgewinnen profitable Betriebe schließen, dann befällt nicht nur die direkt davon betroffenen Menschen Ohnmacht und Irritation. Wenn ehrliche Arbeit bestraft und gleichzeitig erfolglose Manager Millionen verdienen und sich dank eines goldenen Fallschirms frühzeitig in den Ruhestand verabschieden können, dann stimmt etwas nicht mehr in unserer «Leistungs»-Gesellschaft. Dann erscheinen selbstständige Unternehmer, die eben etwas «unternehmen», je nach dem Grad des Erfolgs ihres Unternehmens entweder als naiv, mutig oder gar visionär. Doch unabhängig von ihrem Erfolg machen diese Menschen anderen Mut. Dazu zählt Gabriele Wander, die es ohne großes Eigenkapital oder MBA-Abschluss, dafür mit viel Leidenschaft, Instinkt und Intuition zu einer erfolgreichen und ausgezeichneten Unternehmerin geschafft hat.

Sie sind «Bayerische Landessiegerin» im Wettbewerb «Mutmacher der Nation» 2007 geworden. Wie empfinden Sie den Respekt, der Ihnen damit entgegengebracht wird?
Unter Respekt verstehe ich ein erhöhtes Maß an Achtung und Aufmerksamkeit, verbunden mit Anerkennung dessen, was man geleistet hat. Nun, durch die Ernennung zur Landessiegerin sind mein Unternehmen und der rückenfreundliche Bewegungsstuhl Mi Shu, den ich entwickelt habe, doch spürbar mehr ins Blickfeld der Öffentlichkeit gerückt. Verschiedene Zeitungen haben lange Artikel geschrieben über mich und meine Erfindung. Früher war es mühsam, auch nur einen kurzen Bericht in denselben Zeitschriften unterzubringen. Dann jedoch wurden plötzlich Fernsehbeiträge gedreht über mich und Radiointerviews ausgestrahlt, Menschen, die mich nur flüchtig vom Sehen her kannten, sprechen mich auf der Straße an, gratulieren mir und drücken ihre Anerkennung aus – natürlich freut einen das!

Aber, ehrlich gesagt, viel wertvoller als diese Anerkennung von außen sind mir die tiefen und tragfähigen Beziehungen zu Menschen in meinem Freundeskreis, die zu mir gehalten haben, auch in der Krisenzeit: Die Art von Respekt, die der Erfolg nach sich zieht, ist nicht wirklich wichtig für mich. Ein Erlebnis hat sich mir ganz im Gegensatz dazu jedoch eingeprägt: Das war die persönliche Gratulation eines der Jurymitglieder im Rahmen der offiziellen Preisverleihung. In diesem kurzen Moment – ein Blickkontakt, ein Händedruck, ein kleiner Wortwechsel – ist für mich deutlich spürbar geworden, dass dieser Mensch, der mir da gegenüberstand, die eingereichten Unterlagen nicht nur gelesen hat, sondern auch wirklich erfasst hat, was hinter meiner Arbeit steckt. Darüber habe ich mich sehr gefreut.

Für welche Eigenschaften verdienen Sie als Mensch und Unternehmerin Respekt?
Am meisten, würde ich sagen, für mein Durchhaltevermögen und die unerschütterliche Zuversicht, dass es in (fast) jeder Situation, so schwierig und verzwickt sie auf den ersten Blick auch scheinen mag, doch immer eine positive Lösung gibt. Wiederholt stand ich im Lauf der ersten sieben Jahre seit meiner Unternehmensgründung an dem Punkt, wo sich das Gefühl aufdrängte: «Okay, das war's.» Und doch habe ich nicht aufgegeben, sondern weiter nach dem nächsten Schritt gesucht. Das war nicht leicht, denn der Weg entpuppte sich nicht als breite Straße, sondern oft eher als Kletterpfad! Vertrauen, Mut und ein Quäntchen Unerschrockenheit, gemischt mit Pioniergeist und Kreativität.

Wer oder was machte Ihnen Mut?
Vieles: unsere Kunden, die oft bei uns anriefen und ganz begeistert erzählten, wie gut ihnen das Sitzen im feinen Bewegungsfluss des Mi-Shu-Stuhles tut und wie gerne sie ihn mit seinem außergewöhnlichen Design um sich haben; meine Mitarbeiterinnen, die mit enorm viel Engagement und Einsatzbereitschaft bei ihrer

Arbeit und bei der Sache sind; eine ganze Reihe von Ärzten und Therapeuten, die von Anfang an beeindruckt von der differenzierten Funktion und Wirkung des Mi-Shu-Stuhles waren, die ihn selber nutzen am Schreibtisch, am PC, und die ihn aus Überzeugung weiterempfehlen; Freunde, die mir Geld geliehen haben, obwohl sie wussten, dass es Risikokapital war, weil der Bekanntheitsgrad des Mi-Shu-Stuhls in den ersten Jahren nur langsam stieg; und ganz tief in mir drinnen die Überzeugung, dass meine Arbeit mit Mi Shu wertvoll, sinnvoll und daher wichtig ist.

Wo liegt für Sie die Grenze zwischen Mut und Risiko?
Beides gehört in meinen Augen zusammen: Es gibt keinen Mut ohne ein gewisses Risiko! Das ist ein Aspekt, der in unserer heutigen Gesellschaft gern übersehen wird. Wir meinen, uns gegen alle Risiken absichern zu müssen. Aber wird unser Leben reicher, bunter und intensiver dadurch? Wohl kaum. Mut braucht es, wenn sich jemand dazu entschließt, etwas zu tun, von dem er nicht sicher weiß, ob es gelingen wird. Der Kampf mit dem Drachen steht in den Märchen und Mythen symbolisch dafür. Das Risiko des Scheiterns ist da mit drin – aber zugleich auch die Chance, dass es gelingt! «Wer nicht wagt, der nicht gewinnt», dieses Sprichwort sagt ja schon fast alles aus. Risiken bewusst einzugehen, Gefahren aktiv zu begegnen, Schwierigkeiten zu meistern – das macht die eigentliche Würze im Leben aus. Und warum? Weil da – und nur da –, wo man an seine eigenen Grenzen stößt, Lernen und Weiterentwicklung passiert.

Sie haben als Quereinsteigerin und unerfahrene Unternehmerin in einer hart umkämpften Branche angefangen. Eigentlich ein aussichtsloses Unterfangen. Was motivierte Sie zu diesem Schritt?
Motiviert hat mich zweierlei. Zum einen wusste ich: Ich habe den Mi Shu aus jahrelanger körpertherapeutischer Erfahrung heraus entwickelt. Ich kannte seine besonderen Qualitäten und sein Potenzial am besten und wusste, dass ich beides auch selbst

am besten kommunizieren konnte. Das ging nur mit einem eigenen Unternehmen. Der zweite Motivator war, ganz ehrlich gesagt, meine Abenteuerlust. Es hat mich gereizt, herauszufinden, ob ich das kann: ein eigenes Unternehmen aufbauen – auf diesen Stuhl, den ich aufgrund meiner früher chronischen Rückenschmerzen selbst entwickelt hatte. Fast alle Gebiete, die zum Aufbau und zur Führung eines Unternehmens gehören, waren ja komplettes Neuland für mich: Also arbeitete ich mich Schritt für Schritt in die verschiedenen Aufgabenfelder ein. Unternehmensführung, Marketing und Werbung, Pressearbeit, Vertrieb, Finanzplanung, Buchführung, Controlling, EDV, Personalwesen, Qualitätsmanagement und vieles mehr. Und ich habe es bisher an keinem einzigen Tag bereut! Es war nicht leicht, aber ich habe unendlich viel dazugelernt, und das hat mich bereichert, völlig unabhängig vom Gewinn.

Vor wem haben Sie Respekt? Hat sich das mit der gemachten unternehmerischen Erfahrung geändert?
Respekt habe ich vor allen Menschen, die sich für eine Aufgabe einsetzen, die ihnen viel abverlangt, ohne dass es gleich ein «Honorar» dafür gibt. Dazu zähle ich zum Beispiel all die Menschen, die für andere da sind, tagein, tagaus, Tag und Nacht, jahrelang. Die für ihre Kinder oder pflegebedürftigen Eltern sorgen. Vor diesen – meist sind es Frauen – habe ich großen Respekt, obwohl das etwas ganz Normales, Alltägliches zu sein scheint, und obwohl nur sehr wenige von ihnen im Rampenlicht stehen. Respekt hat in meinen Augen nur selten was mit Ruhm zu tun. Daran hat sich auch nichts geändert durch meine unternehmerische Sicht.

Heute erhalten Sie für Ihre Leistungen Auszeichnungen von Politikern. Hat Sie die Politik genügend unterstützt, Ihnen Mut gemacht?
Die Politik hat mich indirekt unterstützt, dadurch dass es Einrichtungen wie zum Beispiel die IHK gibt, die Fachseminare

und Fortbildungen anbietet für Jungunternehmerinnen wie mich, oder auch das Arbeitsamt, das für die ersten sechs Monate einer Selbstständigkeit einen Teil des vorherigen Gehalts als Überbrückungsgeld zahlt. Des Weiteren habe ich in meiner Anfangszeit ein Existenzgründerdarlehen genutzt; auch dass es so etwas gibt, ist Politik. In der Krisenzeit war dann allerdings keine Institution mehr da, um mir Mut zu machen – aber das erwarte ich auch nicht! Selbstständigkeit heißt für mich unter anderem auch, selber gerade zu stehen für das, worauf ich mich eingelassen habe. Aus mir selbst heraus zu handeln, ohne externe Motivation.

Sie beschäftigen hauptsächlich Mütter und bieten ihnen flexible und familienfreundliche Arbeitszeiten. Welche Vorteile bringt das Ihnen?

Als in meinem Unternehmen eine erste Teilzeitstelle zu besetzen war, merkte ich: Eine solche eignet sich schlicht und ergreifend am besten für eine Mutter, die neben dem Job noch viel Zeit mit ihren Kindern verbringen möchte. Dann, ein wenig später, kam die zweite Teilzeitstelle dazu – und wir haben festgestellt, dass es sich so sehr gut arbeiten lässt, vorausgesetzt, dass genügend Flexibilität auf allen Seiten besteht: Wenn bei vier halben Stellen mal jemand ausfällt, dann können die anderen drei das leichter ausgleichen, als wenn von zwei Vollzeitkräften eine der beiden kurzfristig ersetzt werden muss. Das ist ein praxisnaher Vorteil, der vor allem für kleine Unternehmen greift. Nachdem es sich anfangs ganz von selbst so eingespielt hatte, fand ich es dann im weiteren Verlauf sehr schön in und mit diesem Frauenteam. Vielleicht auch aus einer gewissen Solidarität heraus: Frauen investieren ja in der Regel sehr viel Zeit und Energie in ihre Kinder, doch dann werden die Kinder größer und selbstständiger und wollen aus dem Haus; dadurch bekommen auch die Mütter zunehmend wieder mehr Freiraum für ihre eigene berufliche Entfaltung – was sich mit den Bedürfnissen und Erfordernissen eines wachsenden Unternehmens deckt. Und wenn eine Situation für alle Beteiligten von Vorteil ist, dann ist das doch optimal! Flexibilität, modulares System und Balance, das sind Eigenschaften, die den Mi-Shu-Stuhl als Produkt auszeichnen; und dass sich diese Prinzipien auch in der Struktur meines Unternehmens widerspiegeln, finde ich einfach schön.

5 Respekt im Business

RESPEKT habe ich
vor allen Menschen, die
sich für eine Aufgabe einsetzen,
die ihnen viel abverlangt,
ohne dass es gleich ein Honorar
dafür gibt.

Gabriele Wander

Für global operierende Konzerne ist Diversität, das Respektieren und gezielte Fördern von unterschiedlichen Ethnien und Kulturen eine Voraussetzung für den Wettbewerb um die weltweit besten Talente. Einer Studie der Respect Research Group der Universität Hamburg zufolge rangiert Respekt ganz oben auf der Prioritätenliste der Mitarbeiter, vor der Bezahlung und irgendwelchen Statussymbolen. Chefs, die ihre Mitarbeiter respektvoll behandeln, sind dieser Umfrage nach jedoch klar Mangelware. Nur eine Führungsperson, die andere Interessen, die nicht unbedingt mit ihren eigenen übereinstimmen, akzeptiert, hat selbst Chancen auf Respekt. Sogar auf Kaderebene verlassen jedes Jahr fünf Prozent der Manager ihr Unternehmen aus Mangel an Respekt. Die Gründe reichen vom Übergangenwerden bei Beförderungen über sexuelle Belästigung bis hin zu unangenehmen Fragen bezüglich Hautfarbe. Eine neue Untersuchung des Thinktanks Level Playing Field Institute in San Francisco setzt den wirtschaftlichen Schaden bei Profis, die Unfairness als Grund für ihre Kündigung angaben, auf 64 Milliarden Dollar pro Jahr. In einer Studie wurden über 1700 Leute von unabhängigen Unternehmen befragt. Angehörige nichtweißer Hautfarbe und Homosexuelle verließen dreimal beziehungsweise doppelt so häufig das Unternehmen, aus Mangel an entgegengebrachtem Respekt. Und während Sozialunternehmer und eine frische Unternehmergeneration neue Antworten auf die Herausforderungen im 21. Jahrhundert liefern und dafür großen Respekt genießen, zählen die Firmenchefs der etablierten Konzerne zu den großen Absteigern in der Gunst der Öffentlichkeit. Auch wenn die US-amerikanischen Konzerne die Liste der größten Unternehmen weltweit dominieren, sind sie nicht unter den Top Ten der «am meisten respektierten Unternehmen der Welt» des Businessmagazins *Forbes* zu finden. Es reicht heute einfach nicht mehr, nur die Interessen der Aktionäre im Auge zu haben. In einer zunehmend komplexen Welt wollen diverse Anspruchsgruppen ihre Interessen respektiert wissen. Für immer mehr Menschen sind die als Abzocker verschrienen Firmenchefs die Inkarnation der Pietäts- und Respektlosigkeit. Zu Recht? Warum stehen die modernen Manager trotz historisch hohen Gewinnen heute als Abzocker am Pranger? Sind sie wirklich persönlich für Missstände verantwortlich zu machen oder führen sie nur den Plan eines übergeordneten globalen Profitmaximierungssystems aus?

Abstieg vom Patron zum CEO

Im Respekt für seine Lebensleistung sieht der CEO die Krönung seiner Karriere. Für immer weniger Topmanager gibt es aber ein solches Happy End – immer häufiger werden selbst verdiente Manager abserviert. Kaum aus dem Unternehmen ausgeschieden, sind sie auch schon vergessen. Die hohen Abfindungen sind dabei Schmerzensgeld für entsagte Anerkennung und Würdigung. Die Erosion des Respekts vor dem Firmenchef geht einher mit dessen Evolution vom Patron zum modernen CEO des 21. Jahrhunderts. Ob als Sanierer im Re-Engineering, Konquistador in der globalen Expansion oder Medienstar um die Jahrtausendwende – als bestbezahlter Angestellter des Unternehmens hat der CEO in materieller Hinsicht gewonnen, an Ansehen jedoch verloren. Die Gründe:

1. Geliehene Autorität

Im Gegensatz zum Patron, der schon allein aufgrund seiner Position als Firmengründer und Chef wie auch wegen seiner Pionier- und Lebensleistung respektiert wurde, kann der CEO diesen Vorschussbonus nicht für sich beanspruchen. Beim Patron stimmte die persönliche Motivation und Lebensleistung mit seinen privaten Werten überein und diese waren gar nicht voneinander zu trennen. Der Einsatz mit seinem privaten Vermögen brachte ihm Respekt, da er mehr riskierte als die Mitarbeiter und deshalb auch mehr zu verlieren hatte. Sein finanzieller Erfolg war ihm deshalb gegönnt. Heute ist das Verhältnis umgekehrt. Der moderne CEO ist für alle Eventualitäten abgesichert und hat ungleich mehr zu gewinnen als der normale Arbeiter, der permanent um seinen Arbeitsplatz bangen muss. Dieses Missverhältnis ist ein zentraler Grund für das Manko an Respekt.

2. Unnahbarkeit

Während Respekt eine gewisse Distanz zwischen den Menschen voraussetzt, braucht es dennoch die persönliche Begegnung, damit er sich bilden und wachsen kann. Obwohl der CEO in den Medien omnipräsent ist, bleibt er für den Großteil der Mitarbeiter und Stakeholder unerreichbar. Während der Patron die persönliche Beziehung pflegt, schiebt der CEO allerlei Experten vor sich, verschanzt sich hinter einer Phalanx von Managern und Stäben und verhindert damit die persönliche Begegnung mit den Mitarbeitern.

3. Kurze Lebensdauer

Um für seine Leistungen respektiert zu werden, bräuchte der CEO mehr Zeit. Die wird ihm weder von Aktionären und Analysten noch vom Verwaltungsrat in ausreichendem Maße gegeben. Der – nicht selten selbst gemachte – Druck, schnell etwas verändern zu müssen, verleitet den CEO, neue Projekt anzustoßen. Meist fehlt ihm dann die Zeit, diese erfolgreich zu Ende zu führen und sich dadurch Respekt zu verschaffen. Zudem steht er vor einem Dilemma: Während die Aktionäre schnelle Resultate und Profitsteigerungen fordern, erwarten immer mehr Konsumenten und Interessengruppen vom Unternehmen einen nachhaltigen Beitrag zur Lösung von gesellschaftlichen, sozialen und ökologischen Problemen.

4. Einseitige Sozialisation

Nach wie vor bringen die globalen MBA-Schulen hoch gezüchtete Managerklone hervor, die sich im Laufe ihrer internationalen Karriere zu hoch bezahlten Legionären der Globalisierung entwickeln und nur in seltenen Fällen zu charismatischen Führungspersönlichkeiten mit Ecken und Kanten reifen.

5. Maßlosigkeit

Maßlosigkeit gilt als eine der sieben Todsünden, unter Managern gilt sie als Tugend. Mit Bob Nardellis Abgangsentschädigung von Home Depot in der Höhe von 200 Millionen Dollar haben die Exzesse einen vorübergehenden Höhepunkt erreicht. Stan O'Neal, der für einen historisch einmaligen Milliardenverlust verantwortliche Chef der US-amerikanischen Investmentbank, erhielt eine Abgangsentschädigung im Wert von 160 Millionen Dollar. Nur vier Jahre lang führte Charles Prince die Citigroup, die größte Bank der USA. Verluste in Höhe von 17,5 Milliarden Dollar zwangen ihn zum Rücktritt. Trotz der ungewissen Zukunft des Geldhauses erhielt der Manager ein Paket aus Aktienoptionen, Pensionszahlungen und einer Abfindung im Wert von zwischen 50 und 100 Millionen Dollar. Für Arbeiter, denen Zurückhaltung auferlegt oder nach jahrelanger treuer Betriebszugehörigkeit von heute auf morgen ohne Abfindung gekündigt wird, ist dies kaum nachzuvollziehen. Das Vertrauen ist erschüttert. In einer repräsentativen Umfrage des *Stern* misstrauen 88 Prozent der Befragten ihren Chefs, 75 Prozent glauben, dass Manager vor allem ihre eigenen Ziele verfolgen und nicht die der Anteilseigner, Kunden oder Mitarbeiter. Kein Wunder, dass diese Manager und die Aufsichtsorgane nicht respektiert werden, da sie ein grundlegendes Prinzip der Wirtschaft nicht respektieren: Leistungsgerechtigkeit. Es gibt aber auch Bankchefs, die den Zeitgeist erkennen und durch Bescheidenheit und Selbstbegrenzung glänzen. Commerzbank-Chef Klaus-Peter Müller verdient sogar weniger als viele seiner Untergebenen. In einem Interview mit der *Westdeutschen Allgemeinen Zeitung* sagte Müller: «Es gab ein Jahr, da war ich innerhalb der Commerzbank nicht einmal unter den 250 bestbezahlten Managern.» Neben einem vergleichsweise bescheidenen Festgehalt von 760 000 Euro verzichtete Müller sogar auf 7 Millionen, die ihm vertraglich zustanden.

6. Verlust von eigenen Idealen und Wertvorstellungen
Mit dem wirtschaftlichen Aufstieg geht offensichtlich der moralische Abstieg der Topmanager einher. Einer Umfrage der Personalberatung LAB in Kooperation mit der *WirtschaftsWoche* zufolge, plagt immer mehr Topmanager ihr schlechtes Gewissen, weil ihr Handeln mit einstigen Wertvorstellungen unvereinbar ist. Bei rund 72 der befragten Manager haben sich die ethischen Maßstäbe im Laufe ihres Berufslebens verschoben.

Wie nun gelangt der CEO im 21. Jahrhundert zum ersehnten Respekt? Die Lösung hängt sowohl von ihm selbst wie auch vom Unternehmen ab: einem Unternehmen, in dem unabhängig von kurzfristigen Zyklen ein Wertesystem und eine Unternehmenskultur verankert ist; einer Unternehmenskultur, in der Führungskräfte langfristig an die Position und Verantwortung herangeführt werden. Die Firma General Electric, die das Ranking der respektiertesten Unternehmen in der *Financial Times* seit eh und je mit anführt, sichert sich beispielsweise mit einer nachhaltigen Karriere- und Nachfolgeplanung eine Konstanz und Berechenbarkeit in der Unternehmensführung. Die CEO-Kandidaten werden in einem langjährigen Auswahlverfahren auf Herz und Nieren und ihre Kompatibilität mit der Unternehmenskultur getestet. Ergänzend dazu ist der persönliche Beitrag des CEO zu sehen. Bedacht auf die Entwicklung seiner persönlichen Reputation im Verlauf der Karriere stellt er seine Kompetenzen stets in den Dienst des Unternehmens und überzeugt durch hervorragende menschliche Qualitäten und eine feste Wertehaltung. Er setzt auf Innovation, involviert ausgesuchte Kunden und Innovatoren aus der Forschung in den Entwicklungsprozess, um die Marktakzeptanz bei der Lancierung eines Produktes zu erhöhen. Im Rahmen der unternehmerischen Verantwortung ist der CEO auf die Performance des Unternehmens in ökonomischer, sozialer und ökologischer Hinsicht bedacht. Corporate-Social-Responsibility-Aktivitäten begreift er nicht als philanthropische Alibiübungen oder PR-Stunts, sondern als ein langfristiges Bekenntnis zur Verantwortung des Unternehmens gegenüber der Gesellschaft. Der Stakeholdervalue-CEO setzt auf Transparenz, die weltweite Umsetzung eines Code of Conduct sowie eine gelebte Corporate Governance, die Doppelmandate ausschließt und Korruption und anderes Fehlverhalten im Keim erstickt. Und er kommuniziert mit seinen Stakeholdern, beispielsweise mittels moderner interaktiver Kommunikation wie Blogs.

Der Toyota-Weg: Respect for People

Das Experiment DaimlerChrysler ist gescheitert und hat Milliarden vernichtet, Ford ist am Rande des Abgrunds, GM kränkelt seit Jahren und erholt sich nur langsam. VW stand mit Skandalen und korrupten Managern in den Schlagzeilen. Einzig der Stern von Toyota leuchtet über der Automobilwelt. Im ersten Quartal 2007 verkaufte der Toyota-Konzern mehr Fahrzeuge als General Motors. Seither ist Toyota nicht nur der weltweit produktivste und profitabelste Massenproduzent von Autos. Toyota führt die Liste bezüglich Qualität und Kundenzufriedenheit an und hat der Branche mit der umweltfreundlichen Hybridtechnologie den Weg gewiesen. Während andere Hersteller mit Streiks und Skandalen Schlagzeilen machen, liegt bei Toyota der letzte Streik über fünfzig Jahre zurück.

Im Gegensatz zu anderen Automobilherstellern wächst Toyota nicht durch Zusammenschlüsse von (vermeintlich) Gleichen oder feindlichen Übernahmen – schon in diesen Begriffen steckt viel Respektlosigkeit gegenüber der Geschichte und Kultur eines Unternehmens –, sondern organisch, also aus eigener Kraft. Die

Basis des Toyota-Erfolgs bildet die einzigartige Toyota-Unternehmenskultur. Der «Toyota Way» lässt sich mit den Werten Challenge, *kaizen, genchi genbutsu,* Teamwork und Respekt beschreiben. Challenge ist es, eine Vision langfristig zu erhalten und Herausforderungen mit Mut und Kreativität zu meistern. *Kaizen* steht für eine ständige Verbesserung der Geschäftsabläufe und für das Streben nach Innovation. *Genchi genbutsu* entspricht der Toyota-Philosophie, direkt zum Kern vorzustoßen, um die Fakten für eine Entscheidung so schnell wie möglich zu finden. Teamwork fördert die persönliche und berufliche Weiterentwicklung parallel zur kollektiven Entwicklung und maximiert die Leistung der einzelnen Teams. Die im «Toyota Way» festgeschriebene Philosophie des «Respect for People» ist ein wesentlicher Grund für die hohe Wertschätzung, die Toyota weltweit genießt. «Respect for People» bedeutet die Fähigkeit, seinem Gegenüber zuhören zu können, gemeinsam im Team zu agieren und Fehler nicht als Fehler des Einzelnen, sondern als ein Zeichen für eine mögliche Verbesserung im Sinne des *kaizen*-Gedankens zu verstehen.

Anders als bei den meisten Autokonzernen, die ihre neuen Modelle und ihre technologische Kompetenz in den Vordergrund stellen, genießt bei Toyota «Respekt» höchste Priorität. In einer weltweit geschalteten Anzeige zeigt das Unternehmen unter der Headline «Respekt» einen jungen Familienvater mit seinem Neugeborenen auf dem Arm: «Ich verdiene Respekt in meiner Rolle als Trainer von jungen Leuten; sie fragen nach meinem Rat, wir tauschen Wissen aus und entdecken, wer wir sind. Es ist wirklich bereichernd ... Treffen Sie Romain Tissod Charlod, Vater eines neugeborenen Sohnes und einen von 55 000 Mitarbeitern in Europa. Romain ist ein Teammitglied der Produktion in Valenciennes, nur einer von acht Produktionstätten in Europa.» Bei Toyota steht der Mensch im Zentrum, als Profi und Privatperson zugleich. «Respect for People» ist auch die Handlungsmaxime in der Beziehung zu externen Anspruchsgruppen. In der Beziehung zu seinen Lieferanten setzt das Unternehmen auf einen partnerschaftlichen Dialog. So entstehen auf den Einzelfall zugeschnittene attraktive Lösungen, die gegenseitiges Vertrauen schaffen und von denen alle profitieren.

Toyota beweist auch Respekt gegenüber seinen Konkurrenten: In der größten Krise seit deren Bestehen bot Toyota seinem Erzrivalen und der weltweiten Nummer eins, General Motors, seine Hilfe an. Mit dieser Haltung hat sich Toyota in den USA Respekt verschafft. In seinen Führungsprinzipien steht weiter: «Repektiere die Kultur und Gepflogenheiten jeder Nation und schaffe einen Beitrag zur wirtschaftlichen und gesellschaftlichen Entwicklung mittels unternehmerischer Aktivitäten in den Gemeinschaften.» In San Antonio, Texas, hat Toyota schon mehr als 4000 Jobs geschaffen. Im Rahmen des Programms «Going Native» wird Toyota von Jahr zu Jahr mehr als Unternehmen mit amerikanischen Wurzeln wahrgenommen. Toyotas Credo und Respekt gegenüber der Natur – «Bekenne und verpflichte dich voll dazu, umweltfreundliche und sichere Produkte anzubieten, und bemühe dich, mit sämtlichen Unternehmenstätigkeiten die Lebensqualität der Menschen zu erhöhen und eine wohlhabende Gesellschaft zu schaffen» – macht sich auch wirtschaftlich bezahlt.

Doch das Toyota-System stößt trotz seines respektvollen Handelns an die Grenzen der menschlichen Belastbarkeit. Die auf Respekt und friedlichem Zusammenarbeiten basierende Unternehmenskultur scheint die Mitarbeiter davon abzuhalten, sich rechtzeitig bemerkbar zu machen, wenn ihnen die Arbeit über den Kopf wächst. Auch bei Toyota ist *karoshi*, der «Tod durch Überarbeitung», eine traurige Realität. Als das Phänomen in den achtziger Jahren vom Gericht anerkannt wurde, stieg die Zahl der eingereichten Fälle dramatisch an. Noch 1988 waren nur vier Prozent der Bewerbungen erfolgreich. Bis 2005 stieg der Anteil auf vierzig Prozent. Wird ein *karoshi*-Fall vor Gericht als solcher anerkannt, können überlebende Familienmitglieder von der Regierung bis zu 20 000 Dollar jährlich und von den Unternehmen bis zu einer Million Dollar Schadensersatz für entstandene Schäden erhalten. Am 30. November 2007 akzeptierte das Nagoya-Bezirksgericht die Klage einer jungen Witwe, deren Mann Hiroko Uchino, ein Toyota-Mitarbeiter in der dritten Generation, 2002 im Alter von nur dreißig Jahren als *karoshi*-Opfer starb. Um vier Uhr morgens brach der zweifache Familienvater bei der Arbeit zusammen, nachdem er über ein halbes Jahr lang jeden Monat mehr als achtzig Überstunden absolviert hatte. Hiroko Uchino war Manager der Qualitätskontrolle und trainierte die Mitarbeiter, saß in Meetings und schrieb Berichte. Dabei behandelte Toyota die meiste Überzeit als freiwillig und unbezahlt. Damit ist Toyota beileibe kein Einzelfall. Harte Arbeit wird als Eckpfeiler der japanischen Wirtschaft von der Gesellschaft akzeptiert und respektiert. Arbeiter fühlen sich aufgrund ihres Respekts für ein Unternehmen moralisch verpflichtet, immer mehr zu arbeiten. Offizielle Zahlen, denen zufolge die Japaner mit 1780 Stunden pro Jahr etwas weniger arbeiten als die Amerikaner, sind irreführend, weil freiwillige Überstunden nicht erfasst werden. Während Toyota für seine Effizienz und Flexibilität gerühmt wird, sieht die Witwe von Hiroko Uchino das etwas anders: Nur weil so viele Mitarbeiter so lange unbezahlt arbeiten, ist Toyota rentabel.

Everyone could be the boss

Während in der hierarchischen, vom Senioritätsprinzip geprägten Unternehmenskultur Statussymbole eine wichtige Rolle spielten, sind die Anzahl der Untergebenen, die Büroausstattung und der Preis des Anzugs heute keine verlässlichen Parameter mehr dafür, welchen Respekt eine Person in einem Unternehmen genießt. Wenn der Facebook-Gründer und mehrfache

Millionär Marc Zuckerberg in Adiletten zu Sitzungen mit Kunden und Investoren geht, empfinden das die einen als cool, die anderen als respektlos. Aber nicht nur in der Web-2.0-Welt, sondern auch beim Weltwirtschaftsforum, dem jährlichen Stelldichein des Wirtschaftsestablishments, gilt: «The more casual, the more important.»

Ausgerechnet im von rigiden Gesellschaftsstrukturen geprägten Indien wurde 1981 die heute weltweit operierende Softwarefirma Infosys mit dem egalitären Motto «Everyone could be the boss» gegründet. Infosys ist angetreten, die indische Unternehmenskultur neu zu definieren. In ihrer strikt am Leistungsprinzip und an der Meritokratie ausgerichteten Unternehmenskultur ist Vetternwirtschaft strikt verboten und das maximale Alter auf sechzig Jahre festgelegt. Der CEO ist kein Chef im eigentlichen Sinne, sondern präsidiert lediglich über Argumente. Egal ob CEO oder Junior-Programmierer – wer sich heute in diesen Leistungsbiotopen den Respekt der Kollegen verdient hat, sollte ihn genießen. Er ist ihm morgen nicht mehr sicher.

Respekt vor Lokalkolorit

Gerade in Zeiten der Globalisierung lernen globale Marken die Diversität und die Heterogenität der Märkte zu respektieren. Auch Google lernte in seiner jungen Unternehmensgeschichte die Eigenheiten Europas zu respektieren. So plant das Unternehmen eine weitere Europäisierung der Belegschaft, um nicht als aggressiver US-Konzern angesehen zu werden. Gerade in Europa weht Google ein harter Wind entgegen: Europäische Regulierungsbehörden haben den Umgang von Google mit persönlichen Daten kritisiert. Das Unternehmen ist im Clinch mit belgischen Zeitungen, und die europäischen Wettbewerbsaufsichtsbehörden kritisieren die Akquisition von DoubleClick, der digitalen Marketinggruppe. Nichtamerikanische Google-Ingenieure arbeiten an Landkarten und an Internetseiten, die von rechts nach links gelesen werden, wie es im Mittleren Osten üblich ist. Nach dem Prinzip «Think global, act local» respektieren immer mehr Unternehmen die kulturelle Vielfalt. Bei der Erforschung kultureller Unterschiede arbeitet auch der Chip-Hersteller Intel mit Ethnologen und Soziologen zusammen. Auch andere Unternehmen beobachten sehr genau, wie ihre Technologien und Produkte von den Menschen in ihren jeweiligen kulturellen und religiösen Kontext integriert werden. So lassen in China beispielsweise junge Leute ihre Handys von buddhistischen Mönchen segnen, weil sie die Geräte täglich bei sich tragen und nicht wollen, dass diese einen schlechten Einfluss auf ihren Körper haben. Im vom Senioriätsprinzip stark geprägten Südkorea wiederum speichern Handybenutzer die Kontaktdaten entsprechend ihres Rangs in unterschiedlichen Ordnern ab.

Verhandeln mit Respekt

Ob zu Hause, im Geschäft oder auf Reisen – wir verhandeln eigentlich permanent. Wer bekommt den Fensterplatz im Flugzeug, wie viel mehr Lohn setze ich bei meinem Vorgesetzten durch und welche der Tarifparteien setzt sich beim Tarifstreit durch? Dabei gehen wir meist davon aus, dass die eine Partei gewinnt, während die andere verliert. Dabei sind Win-Win-Situationen durchaus realistisch, wenn man die Interessen seines Gegenübers kennt und respektiert. Insbesondere beim Verhandeln im multikulturellen globalen Umfeld führen die in den siebziger Jahren auf Basis der dynamischen Spieltheorie und Computersimulationen entworfenen Verhandlungstechniken nicht zum Ziel. Gerade in Verhandlungen agieren und reagieren Menschen nicht nur rational. Es lohnt sich vielmehr, den Bedürfnissen der Verhandlungspartner auf den Grund zu gehen. Das zeigt ein banales Beispiel aus dem Alltag: ein Abendessen mit Freunden beim Chinesen. Während es sich anbietet, gemeinsam zu bestellen, ist man versucht, die Übung abzubrechen, wenn einer kein Fleisch oder Gemüse mag. Dabei lohnt es sich, noch tiefer zu bohren und weitere Frage zu stellen. Es stellt sich heraus, dass der Vegetarier kein Problem hat mit einem Fleischgericht, solange die Fleischstücke nicht zu groß sind und problemlos entfernt werden können.

Gesellschaftliche Verantwortung

Im Spannungsfeld zwischen Gewinn- und Shareholdervalue-Maximierung einerseits und der Forderung nach gesellschaftlicher Verantwortung unternehmerischen Handelns andererseits suchen Manager die für ihr Unternehmen passende Balance. Maßnahmen der Corporate Social Responsibility, die kein integraler Bestandteil der unternehmerischen Wertschöpfung sind, somit die Interessen der Aktionäre weder respektieren noch missachten, zeugen von schlechtem Management. Sozialunternehmer wie der Nobelpreisträger Muhammad Yunus mit seiner profitablen Grameen Bank beweisen, dass man etwas Gutes tun und zugleich die Interessen der Aktionäre respektieren kann. Die Velostation Burgdorf im strukturschwachen Emmental in der Schweiz bietet mit ihrem Fahrrad- und Expresskurierdienst und einer Recyclingwerkstatt Arbeitsplätze für sozial Benachteiligte, Langzeitarbeitslose und Randständige – eine ökologische Alternative zu den herkömmlichen Kurierdiensten. Im Jahre 2006 hat das Unternehmen beachtliche 25 000 Hauslieferungen und 4000 Kurierdienste durchgeführt. Der General-Electric-Chef Jeffrey Immelt hat dem Konzern mit seinem «ecomagination»-Programm eine nachhaltige und ökologische Ausrichtung gegeben. Während sein Amtsvorgänger Jack Welch noch mit den Umweltschutzbehörden im Clinch lag, verdient Immelt mit Solarenergie und Wasseraufbereitungssystemen viel Geld. Katzuthoshi Sakurai, der Leadsänger der zweiterfolgreichsten japanischen Rockband Mr. Children, und Takeshi Kobayshi, einer der führenden Musikproduzenten des Landes, haben erkannt, dass die Rettung des

Planeten nur mit hartem Geld möglich ist. Zusammen mit dem Komponisten Ryuichi Sakamoto gründeten sie 2003 die Nicht-Profit-Bank AP Bank, die umweltfreundliche Projekte finanziert. AP steht gleichzeitig für «Artists' Power» und «Alternative Power». Die drei Männer investierten je fast eine Million Dollar Startkapital, mit dem kleinere, nachhaltige Projekte wie Recyclingprogramme berücksichtigt werden. Gleichzeitig nutzen Kobayashi und Sakurai ihre Konzerte zur Kapitalbeschaffung.

Kein Respekt vor dem Establishment

Innovationen werden nicht nur durch Erfindergeist vorangetrieben, sondern auch durch einen wenig ausgeprägten Respekt vor den Großen im Geschäft. Im Gegensatz zu früher, als etablierte Betreiber auf innovative Konkurrenz mit Kopien der lancierten Produkte konterten und diese dank ihrer Marktmacht durchdrückten, bringen im Internetzeitalter sogenannte disruptive Technologien wie die Skype-Internettelefonie alteingesessene Geschäftsmodelle in massive Schwierigkeiten. Selbst der Software-Gigant Microsoft, vor dem die Konkurrenz sich lange Zeit duckte, ist damit beschäftigt, die Angriffe einer wachsenden Zahl von Konkurrenten abzuwehren. Der Suchmaschinenbetreiber Google, mittlerweile selbst ein Gigant, baut weltweit ein Dutzend sogenannter Serverfarmen, die der *International Herald Tribune* als «Atomkraftwerke des Informationszeitalters» bezeichnete. Google benutzt das Netzwerk nicht nur für den Suchdienst, sondern bietet über Internet all die Softwarefunktionen gratis an, für die Microsoft über Jahrzehnte hinweg viel Geld kassierte. Doch Respektlosigkeit bringt nicht nur Fortschritt und schafft günstigere Preise, sondern kann auch großen wirtschaftlichen Schaden anrichten. Das Nichtrespektieren geistigen Eigentums, für das sich insbesondere China einen Namen gemacht hat, verursacht bei den Unternehmen jährlich Milliardenschäden.

6 Anleitung zum Respekt

Jeder erfährt **RESPEKT** wenn er aus seiner Situation etwas macht.

Silvano Beltrametti

Wie ich in diesem Buch aufzuzeigen versuchte, ist Respekt ein sehr vielschichtiges und facettenreiches Phänomen. Nicht jeder, der beliebt ist, wird automatisch respektiert. Wiederum wird jener, der Respekt erfährt, nicht gleich von seinen Mitmenschen ins Herz geschlossen. Vielen erfolgreichen und materiell reichen Menschen wird partout nicht der gewünschte Respekt zuteil, während Verlierer für ihren vielleicht aussichtslosen Kampf um Ideale Respekt erfahren. Der Respekt macht es uns wirklich nicht leicht, eine für uns passende goldene Regel zu formulieren. Und dennoch lassen sich Charaktereigenschaften und Verhaltensmuster bei respektierten Persönlichkeiten beobachten. Es lohnt sich durchaus, genau hinzusehen, wenn man «Respekt» gegenüber einer Person empfindet, und zu hinterfragen, was der Auslöser dafür war. Ist es das Auftreten der Person, sind es ihre Leistungen, ihr Umgang mit anderen Menschen oder die einmalige Ausstrahlung, die mit Worten nicht zu fassen ist? Muss man dieser Person persönlich begegnen oder reicht es schon, ihren Namen zu hören oder von ihren Taten zu erfahren? Was bewegt uns zu einem spontanen «Respekt!» oder einem ganz und gar ehrlich gemeinten Bekenntnis, «Vor diesem Menschen habe ich den allergrößten Respekt»?

So vielfältig die Auslöser für dieses Respektgefühl in der Praxis sind, so wenig kann ein «Respekt-Ratgeber» den Anspruch auf Vollständigkeit erheben. Erwarten Sie also in diesem Kapitel nicht eine weitere Ausgabe der unzähligen Lebensratgeber oder einen Leitfaden nach dem Motto «In 30 Tagen zum Respekt». Die folgenden Beispiele respektierter oder sehr respektierter Persönlichkeiten sollen jedem Einzelnen als Inspiration dienen.

Sei respektlos

Oft haben wir Respekt vor Menschen, die sich respektlos, unangepasst oder frech gegenüber Gewohntem, Traditionen oder der Obrigkeit verhalten. Die sich einfach trauen. Mit der Wahl des chinesischen Bloggers Wang Xiaofeng zur «Person des Jahres 2006» hat das *Time Magazine* eine überraschende Wahl getroffen. Die Begründung: «Er ist vermutlich der am meisten respektierte Blogger in China, genau aus dem Grund, weil er nichts respektiert.» Ähnlich respektlos war der neue Superturner Fabian Hambüchen: Mit 16 Jahren turnte er sich bei der Weltmeisterschaft 2007 in Stuttgart – ohne Respekt vor großen Namen – in die Herzen der Zuschauer und wurde zum jüngsten deutschen Goldmedaillengewinner in der Reckdisziplin. Ähnlich respektlos tritt derzeit Jo-Wilfried Tsonga, der neue Shootingstar im Tenniszirkus, auf. «Tsonga hat vor dem Weltranglisten-Zweiten Rafael Nadal keinen Respekt gezeigt und seinen überragenden Australian-Open-Auftritt mit dem Einzug in das Endspiel gekrönt», schreibt der *Wiesbadener Kurier* am 25. Januar 2008.

Dank einem ausgeprägten Maß an Respektlosigkeit wurde aus Albert Einstein «the person of the century» (*Time Magazine*) und einer der wichtigsten Wissenschaftler in der Geschichte der Menschheit. Schon als Teenager ärgerte der aufmüpfige Albert seine Lehrer, die befürchteten, seine Respektlosigkeit würde auf seine Mitschüler abfärben. Trotzig entschloss er sich 1894, die Schule ohne Abschluss zu verlassen. Christoph Lehner, Wissenschaftshistoriker am Max-Planck-Institut für Wissenschaftsgeschichte in Berlin, bestätigt, dass Einsteins Respektlosigkeit ein wichtiger Wesenszug für seinen späteren Erfolg war. «Einstein war ein ungeheuer unabhängiger Denker. Er hat absolut nicht an Autorität geglaubt.» Eine essenzielle Charaktereigenschaft für den Menschen, der mit Traditionen wie dem Begriff der Gleichzeitigkeit brach.

Sag auch mal «nein»

Ottmar Hitzfeld gilt als einer der erfolgreichsten Fußballtrainer der Welt. Respektvoll nennt man ihn den «General». Fußball ist für ihn ein Planspiel, in dem alle Eventualitäten auszuschalten und Fehlerquellen auszumerzen sind. Selbst große Stars ordnen sich dem General und seinem Systemfußball unter. Respekt gebührt Hitzfeld sicherlich für sein fundiertes Fachwissen, seine große Erfahrung und Erfolge wie die beiden Champions-League-Siege mit Borussia Dortmund und insbesondere mit dem FC Bayern München. Nach einem buchstäblich in der letzten Minuten verpassten Sieg im Champions-League-Finale 1999 richtete er sich und die Mannschaft wieder auf. Spätestens als Hitzfeld den FC Bayern München 2004 verließ, sich zu seinem Burn-out bekannte und das Angebot, deutscher Bundestrainer zu werden, ablehnte, gewann er als Mensch Respekt.

Zweifle, auch an dir selbst

Die Welt ist voll von Selbstdarstellern, die ohne Selbstzweifel die Wahrheit für sich beanspruchen. Politiker sind berüchtigt für ihr opportunistisches Themen-Hopping nach dem Motto «Was interessiert mich mein Geschwätz von gestern», wobei sie scheinbar jedes Thema mit derselben Leichtigkeit beherrschen. Der Anspruch, die absolute Wahrheit zu verkünden, ist auch ein Wesenszug von George W. Bush. Selbst wenn er ganz offensichtlich falsch handelte oder sich sogar in den eigenen Reihen Widerstand regte, zweifelte George W. Bush seinen Weg in der Öffentlichkeit nie an. Dabei ist Zweifel ein wichtiges Momentum für Fortschritt.

Mit der Veröffentlichung von Mutter Teresas Tagebüchern wurde bekannt, dass die «größte Sozialarbeiterin der Welt» massive Zweifel an der Existenz Gottes hatte. Dieses Bekenntnis war der

Heiligsprechung der Friedesnobelpreisträgerin vielleicht nicht zuträglich, doch es steigert den Respekt vor ihrer menschlichen Leistung im Kampf gegen das unbeschreibliche Elend. In gewissen Kreisen wird denn auch Teresas Zweifeln als Wiederholung von Jesus' Zweifeln am Kreuz interpretiert. «Die gefühlte Abwesenheit Gottes und nicht ein nihilistisches Vakuum war der Leidensweg, für den sie gebetet hatte.»

Überwinde die Angst, nicht respektiert zu werden

In einem Interview mit dem *Tages-Anzeiger* bekannte der Sprinter-Weltmeister Tyson Gay, dass seine Angst, nach einer Niederlage von seinen Freunden nicht mehr respektiert zu werden, ihn hemmte. Gleichzeitig habe er das Problem, «dass ich meine Gegner manchmal so respektiere, dass ich Angst vor ihnen habe. Und vor Powell hatte ich vor diesem Rennen sehr viel Respekt. Ich denke, ich bekomme viel Respekt von Asafa Powell, und den geb ich ihm zurück. Es wurde viel über das Duell und die Rivalität zwischen Asafa und mir gesagt und geschrieben. Viele glauben deshalb, dass wir verfeindet sind. Aber das ist nur so, weil die Leute einen respektvollen Umgang unter Sprintern nicht gewohnt sind. Asafa ist ein wenig jünger als ich, und ich habe schon zugesehen, wie er Weltrekord lief, als ich noch im College war. Ich kann meinen Respekt nicht einfach abschalten und sagen, jetzt trete ich dem Kerl mal gehörig in den Hintern.»

Vertrau dem Zufall

Innovationen bedeuten für die Menschheit quasi das Elixier für den Fortschritt. Das Weltwirtschaftsforum in Davos erklärte 2008 «Innovation durch Zusammenarbeit» zum Motto. Immer wieder machen Politiker und Firmenchefs jedoch die Erfahrung, dass bahnbrechende Innovationen nicht in verordneter Teamarbeit, sondern eher zufällig entstehen. «Suchen, das ist ausgehen von alten Beständen und ein Finden-Wollen von bereits Bekanntem. Finden ist das völlig Neue. … und was gefunden wird, ist unbekannt», hielt schon Picasso fest (Gedicht undatiert). Rein zufällig stieß der schottische Wissenschaftler Alexander Fleming im September 1928 auf die Formel für Penicillin, die ihm zwanzig Jahre später den Nobelpreis für Medizin einbringen sollte. Eigentlich wollte Fleming Bakterien züchten, doch da er unsauber gearbeitet hatte, sprossen in den Versuchsschälchen Schimmelpilze, in deren Umkreis wiederum keine Bakterien wuchsen.

In den späten neunziger Jahren arbeiteten der Unternehmer Williams und sein Team an einer komplexen Software, die Menschen eine bessere Zusammenarbeit ermöglichen sollte. Um sich gegenseitig über den Stand der jeweiligen Arbeiten auf dem Laufenden zu halten, führten die Teammitglieder ein Tagebuch. Nachdem dies letztlich als einziges funktionierte, entschied das Team, dass das Tagebuch ihr eigentliches Produkt sei. Geboren war Blogger, ein Webservice, mit dem jeder mit ein paar wenigen Clicks seinen eigenen Blog kreieren kann. 2003 kaufte Google die Firma und machte Williams reich.

Behalte die Kontrolle über dein Leben

Es ist gar nicht so einfach, die Kontrolle über sein Leben nicht aus der Hand zu geben. Zu schnell gerät man in eine Kreditfalle der Banken oder fühlt sich als Sklave seines Jobs oder Arbeitgebers. Umso schwieriger ist das Unterfangen für Stars, die auf Schritt und Tritt von den Medien verfolgt werden und denen die Strategen der Unterhaltungsindustrie ein Image verpassen wollen. Lange bevor die kolumbianische Sängerin Shakira mit ihrem 13-Millionen-mal verkauften Album *Laundry Service* die Weltcharts erstürmte, war sie – mit ihren vier spanisch gesungenen Alben – in Südamerika ein Star. Im Alter von acht Jahren schrieb sie ihr erstes Lied und veröffentlichte mit 13 ihr erstes Album, das ihr schon vor der Lancierung von *Laundry Service* geschätzte dreißig Millionen Dollar eingebracht hatte. Mit *Laundry Service* katapultierte sich Shakira hingegen auf die Stufe von Ricky Martin, Enrique Iglesias und Gloria Estefan. Nur verständlich, dass das Plattenlabel in Zeiten erodierender Gewinne und Internetpiraterie die Cash-Cow auch gerne melken wollte. Doch Shakira nahm den Fuß vom Gas. «Die Branche würde es gerne sehen, wenn ich im Stile von *Laundry Service* alle sechs Monate ein neues Album auf den Markt brächte. Aber ich kann Musik nicht wie Hamburger produzieren», ließ die Künstlerin verlauten. Sony hatte keine andere Wahl, als Shakiras Tempo zu folgen. Zusätzlich kam die Frage auf: Wie weitersingen? Englisch oder Spanisch? Shakira entschied sich – entgegen allen Branchengesetzmäßigkeiten –, ihr Folgealbum in Spanisch und erst das nächste wieder in Englisch zu singen. Laut dem Magazin *Economist* übt Shakira größere Kontrolle aus als andere Musiker. Statt sich auf geübte Songschreiber zu verlassen, besteht sie darauf, ihre Lieder selbst zu schreiben. Als sie sich entschied, den englischsprachigen Markt zu erobern, lernte sie so gut Englisch, dass sie ihre Liedtexte selbst verfassen konnte.

Mit dem Bekenntnis zu ihrer Sprache, Herkunft und ihrem Heimatland Kolumbien festigte Shakira ihre Position im Latino-Markt. So schrieb sie denn auch mit «La Despedida» den Titelsong für die Verfilmung des Weltbestseller *Die Liebe in den Zeiten der Cholera* des kolumbianischen Nobelpreisträgers Gabriel García Márquez. Wie kaum ein anderer Star verbindet Shakira ihre kommerzielle Seite mit sozialem Aktivismus. Ihre Stiftung «Pies Descalzos» (barfuß), benannt nach ihrem dritten Album, unterstützt von Gewalt und vom Drogenkrieg vertriebene Kinder. Ihre Arbeit für den Schuhhersteller Reebok, der sich für Menschenrechte einsetzt, brachte ihr 50 000 Paar Schuhe für ihre Stiftung ein. Ihren Auftritt für die Lancierung des neuen

Seat-Modells verband sie mit einer SMS-Spendenaktion für ihre Stiftung.

Tu das, was im Leben wirklich zählt

Respektiert wurde Franz Müntefering Entscheidung, aus familiären Gründen von seinen Ämtern als Bundesarbeitsminister und Vizekanzler zurückzutreten. Aber im selben Moment wurde auch Kritik laut. Hat der alte Kämpfer seine Partei mit dem Rücktritt im Stich gelassen, dem SPD-Chef Kurt Beck bewusst geschadet, sich gar für vergangene Niederlagen gerächt? Der Respekt für seine, aus menschlichen Motiven richtige Entscheidung weicht der Kritik, als Politiker schon fast verantwortungslos die Partei zurückgelassen zu haben. «Standing Ovations gab es, und viele hatten Tränen der Rührung in den Augen, als Franz Müntefering am Dienstag, dem 13., vor der SPD-Bundestagsfraktion seinen Rücktritt begründete. Selten hat eine Partei derart naiv ihrem eigenen Verhängnis applaudiert», schrieb der *Stern*. Der für seine Partys und Eskapaden bekannte englische Prinz Harry bewies mit seinem lange geheim gehaltenen Einsatz im Afghanistankrieg, dass er ein «Prinz des Volkes» ist.

Mach dich selbstständig

Für immer mehr Angestellte wird die Arbeit zunehmend zur physischen und psychischen Belastung. Sie träumen von der Selbstständigkeit, von einem Arbeitsleben ohne Vorgesetzte, Mobbing und politische Spielchen. Wer den vermeintlichen Sicherheiten des Angestelltseins den Rücken kehrt und ohne Netz und doppelten Boden den Sprung in die Selbstständigkeit wagt, darf mit dem Respekt seiner Umgebung rechnen. Respekt verdienen die Entbehrungen, das Erledigen der Arbeiten, die früher ein Assistent gemacht hat, der Verzicht auf automatische Gehaltserhöhungen oder Boni und das Auf-sich-gestellt-Sein ohne

Wenn und Aber. Respekt verdient der Selbstständige für das, was ein Unternehmertum ausmacht: «Selbstständig» kommt von «selbst stehen» und «Unternehmen» von «unternehmen, machen». Für viele ist der Schritt in die Selbstständigkeit das Ende eines langen Prozesses und Leidensweges im Angestelltenverhältnis. Diese Sinnkrise kann Katalysator für eine unternehmerische Vision werden.

Ein Beispiel ist Rolf Dobelli, ehemaliger CEO einer Swissair-Tochterfirma. Mit der Gründung von getabstract, dem mittlerweile weltweit größten Anbieter von komprimierter Literatur, hat er seinen Traum von der Selbstständigkeit und der Arbeit mit Texten realisiert. Rolf Dobelli gebührt nicht nur Respekt, weil er mit seinen Buchzusammenfassungen das Geschäftsmodell der Verlage herausfordert, sondern auch, weil er öffentlich zu seiner Lebenskrise stand, diese in Romanen verarbeitete und damit Zeitgeistliteratur schrieb.

Folge deiner Bestimmung
Der australische Musiker Peter Garrett, Kopf der Band Midnight Oil, wurde 2007 zum Umwelt- und Kulturminister ernannt. Während Karrierewege früher zementiert schienen, gibt es heute immer mehr erfolgreiche Quereinsteiger. Während der ehemalige Vizepräsident Al Gore zum Umweltaktivisten wird, werden Rockstars zu Politikern oder nehmen wie Bob Geldoff bewusst Einfluss auf die Politik. Sie entzaubern die Politkaste, die nicht oder zu spät die Zeichen der Zeit erkennt.

Arbeite hart
Die Vorstellung von «es geschafft zu haben» steht in enger Verbindung mit der Idee «nicht mehr arbeiten müssen». Mit einer Mischung aus Unverständnis und Respekt betrachten Arbeitende

jene Menschen, die eigentlich nicht mehr arbeiten müssten und dennoch mit unvermindertem Einsatz ihrer Arbeit nachgehen. Für viele ist harte Arbeit der einzige Ausweg aus der Misere, für Wohlhabende aber der Weg zur Selbstbestätigung. Man kann die Rolling Stones «Rock-Opas» oder Dinosaurier nennen, aber seit knapp fünfzig Jahren zu den weltbesten Rockbands zu gehören und weltweit Fußballstadien zu füllen, verdient Respekt. Der Unterschied zwischen belächelt werden und jemanden zu begeistern, liegt in der harten Arbeit. Mick Jagger bestätigte dies in einem Interview mit der *Süddeutschen Zeitung*: «Und es ist immer wieder harte Arbeit, bis es so weit ist, dass es leicht klingt, leicht aussieht, leicht wirkt.»

Bestich durch Leistung (aus eigener Kraft)

Manche Menschen sind unantastbar und scheinen immun gegen jede Kritik, weil ihre überragende Leistung für sie spricht. Das Ausnahmetalent Roger Federer stellt frühere Tennisgrößen wie Björn Borg oder Boris Becker in den Schatten. Einer *Blick*-Umfrage unter dem Titel «Wem vertraut die Schweiz?» zufolge, ist das Vertrauen der Schweizer in Federer ungebrochen. «Ob Mann oder Frau, welsch oder deutsch, jung oder alt, Stadt oder Land, reich oder arm – unser Tennisass ruft auf allen Unterlagen seine allerbesten Vertrauenswerte ab.» Während andere Sportler mit ihren Doping-Eskapaden ungewollte Aufmerksamkeit auf sich ziehen, geht Federer unbeirrt seinen Weg. Er wird vielleicht nicht geliebt, aber er ist beliebt und wird respektiert. Und vor allem verlässt er sich auf seine eigenen Kräfte. Doping hingegen ist Ausdruck von mangelndem Respekt gegenüber der Konkurrenz und dem Streben, aus eigenen Kräften Rekorde zu erzielen. Kommt ein Dopingfall ans Tageslicht, verliert der Sportler schlagartig den Respekt seiner Fans.

Aber auch im Geschäftsleben werden jene besonders respektiert, die aus eigener Kraft und ohne Vitamin B nach oben kommen. Die PepsiCo-Chefin Indra Nooyi hat den Aufstieg auf Platz eins unter die fünfzig mächtigsten Frauen in der Geschäftswelt nur sich selbst zu verdanken. Nach einem Studium in Kalkutta und zwei Jahren beim Pharmakonzern Johnson und Johnson verließ die 23-Jährige ihre Heimat, um in Amerika ihr Glück zu finden. Das Studium an der Yale School of Management ermöglichte sich Nooyi mit einem Stipendium und einem Zusatzverdienst als Rezeptionistin. Dass sie damals immer nur Saris trug, war nicht nur ihrem Nationalstolz zuzuschreiben. Westliche Kleidung hätte sie sich schlichtweg nicht leisten können.

Apple hat sich über die Jahre zu einem Motor für bahnbrechende Innovationen entwickelt. Ob iPod oder iPhone, regelmäßig schafft es das Unternehmen unter der Leitung des Visionärs Steve Jobs, Innovationen zu präsentieren, die nicht nur Applefans begeistern. Während andere Unternehmen der Branche mit Übernahmen, Restrukturierungen und gigantischen Managerlöhnen Schlagzeilen machen, schafft es Jobs – der sich trotz eines symbolischen Fixgehaltes von einem Dollar zum Spitzenverdiener unter den Managern emporgearbeitet hat – regelmäßig, neue Maßstäbe zu setzen. Zum dritten Mal in Folge führt das Unternehmen auch 2007 die *Business-Week*-Liste der fünfzig innovativsten Unternehmen der Welt an. Apple bietet, worauf es im 21. Jahrhundert ankommt: Design gepaart mit einem Fokus auf die Erlebniswelt des Benutzers und eine nahtlose Einpassung der Produkte in das Apple-Ökosystem.

Respektiere deinen Vorgänger – und mach ihn schnell vergessen

In Familienbetrieben mit einem überlebensgroßen Patron ist es für den Nachfolger, vor allem wenn es sich um Sohn oder Tochter handelt, besonders schwierig, dem Vorbild gerecht zu werden. Das Rezept liegt darin, die Verdienste des Vorgängers einerseits zu würdigen und andererseits schnell eigene Akzente zu setzen. Im Interview mit der *NZZ am Sonntag* bezeichnete Andreas Jacobs, Sohn von Klaus J. Jacobs (Suchard, Adecco, Barry Callebaut), die Beziehung zu seinem Vater als «geprägt von gegenseitigem Respekt». «Ich habe Respekt vor seinem Lebenswerk – und er davor, dass ich mich selbst durchgebissen habe.»

«Die 7 Todsünden der TV-Direktorin» war die Headline eines Artikels über die heftig kritisierte Direktorin des Schweizer Fernsehens im *Blick* vom 7. Februar 2006: «7. Todsünde: Kein Respekt gegenüber dem Vorgänger. Die Achtung gegenüber ihrem Vorgänger Peter Schellenberg hält sich in engen Grenzen. Noch während dessen Amtszeit fällte Ingrid Deltenre hinter Schellenbergs Rücken wichtige Personalentscheide. Kaum im Amt, schmiss sie aus dem Programm, was der Vorgänger als letzte Neuerungen eingeführt hatte. Das unbestrittene Wissen und Können des TV-Profis ignorierte Deltenre.»

Trage Verantwortung, teile den Erfolg

«Ich habe Wochen, ja Monate an dem Projekt gearbeitet, und dann verkauft es mein Chef als seine Arbeit nach oben weiter.» Oder: «Wenn etwas schiefgeht, kann ich nicht mit der Unterstützung meines Chefs rechnen.» Welcher Angestellte kennt dieses Gemisch aus Wut und Ohnmacht nicht. Entsprechend gering ist die Chance, dass diese Leute im Ernstfall hinter ihrem Chef stehen. Wie das Beispiel des Rekordweltmeisters Michael Schumacher zeigt, sind Vorgesetzte dann am erfolgreichsten und ernten den größten Respekt, wenn sie den Erfolg als Teamverdienst darstellen und sich im Fall eines Misserfolgs vor das Team stellen. Nach jedem seiner zahlreichen Siege eilte Schumacher unverzüglich zu seinem Team und zelebrierte den Erfolg vor den Kameras als einen Triumph des Teams. Im Falle der wenigen Niederlagen suchte er – anders als zum Beispiel sein Kontrahent Fernando Alonso, der gar eine Verschwörung im eigenen Team witterte – nie die Schuld bei seinen Leuten.

Steig aus – wenn auch nur vorübergehend

Jeder spricht davon, alles mal hinzuschmeißen, doch die wenigsten tun es. Wer sich traut und das Risiko auf sich nimmt, bekommt Respekt für seinen Mut und die Bereitschaft, alles bisher Erreichte hinter sich zu lassen. Auch ein Sabbatical oder ein Gap Year (Zwischenjahr) bieten die Chance, sich über die eigenen Vorstellungen klar zu werden, neue Lebenserfahrungen zu sammeln und an persönlicher Reife zu gewinnen. Immer mehr Arbeitnehmer legen Wert auf die sogenannten Soft Skills, die ihre Angestellten während des Zwischenjahres erwerben: Kommunikations- und Teamfähigkeit, Führungsqualitäten, Strategien zur Problem- und Konfliktbewältigung.

Prinz William, zweiter in der britischen Thronfolge nach seinem Vater Charles, entzog sich dem britischen Medienrummel und engagierte sich in einem Entwicklungsprojekt im südchilenischen Tortel. Organisationen wie «Raleigh International» oder «Gap Acitivity Projects» haben ein gut ausgebautes internationales Kontaktnetz, über welches sie Schüler an die verschiedensten Förderprojekte vermitteln. Die Auszeit bringt nicht nur neue Ideen, sondern fördert auch die Sensibilität und Toleranz gegenüber anderen Kulturen.

Wechsle Windeln

Für viele Männer ist der Arbeitsplatz immer noch der wichtigste Ort, um sich Anerkennung und Respekt zu verschaffen. Doch wenn Respekt am Arbeitsplatz auch für Führungskräfte zunehmend Mangelware wird und die meist berufstätigen Ehefrauen aktive Unterstützung bei der Kinderbetreuung fordern, machen weltweit immer mehr Männer aus der Not eine Tugend und verlagern ihre Ambitionen auf die Aufzucht des Nachwuchses. Das nationale Statistikamt Südkoreas berichtete, dass die Zahl der Hausmänner in den letzten drei Jahren um vierzig Prozent zugelegt habe. Das Portal AtHomeDad.org spricht den «Mrs. Doubtfires» Mut zu: «Men who change diapers change the world.» – Männer, die Windeln wechseln, verändern die Welt. In der Tat beweisen verschiedene Studien der letzten Jahre, dass die Erziehung durch ihre Väter einen positiven Einfluss auf die Kinder hat. «Dort, wo Väter sich in frühen Jahren intensiv in die Erziehung der Kinder einbringen, ist Zufriedenheit, Glück und das psychologische Wohlbefinden im Erwachsenenalter am größten», verkündet die Website. Aus eigener Erfahrung – ich wechselte meiner Tochter die Windeln, ging einkaufen und schrieb nebenher mein erstes Buch – kann ich bestätigen, dass dem Windeln wechselnden Mann der Respekt gerade der Frauenwelt sicher ist: «Was, du? Das hätte ich nie von dir gedacht.»

Tritt ab, wenn's an der Zeit ist

«Geh, wenn's am schönsten ist», heißt das Sprichwort. Dem Gedanken liegt die Überzeugung zugrunde, dass alles ein Ende hat. Eine Beziehung, eine Reise und eben auch eine Amtszeit. Zudem besteht die Gefahr, Respekt zu verlieren, wenn man am Sessel klebt oder vielleicht doch noch seinen eigenen Weltrekord zu überbieten versucht. Menschen mit Erfolg verlässt der Instinkt. Sie sind erfolgreich und werden respektiert. Mit dem Respekt kommt auch die Isolation. Es gibt nur noch wenige Menschen, die sie kritisieren (dürfen), wenn die Leistung nachlässt oder eine falsche Entscheidung getroffen wurde. In Ehrfurcht und Respekt erstarrt, tuscheln die Mitarbeiter oder die Untergegebenen.

Tony Blair glaubte noch an seine politische Zukunft, als der Rest der Welt schon lange sein Ende herbeisehnte. Nach seinem Rücktritt im Juni 2007 wurde es still um ihn, was die britische Öffentlichkeit dankbar registrierte. Bemüht um erneute Anerkennung, tritt Blair nun des öfteren als Redner auf. Für eine Rede vor chinesischen Parteibonzen und Geschäftsleuten in der südchinesischen Stadt Dongguan erhielt er mit 500 000 Dollar zwar ein gutes Honorar, aber keinen Respekt. Ein Reporter einer kommunistischen Jugendzeitung sagte über die Rede: «Sie klang wie der Bericht eines chinesischen Beamten auf Landkreisebene und enthielt keine Neuigkeiten.»

Auch Martina Hingis, die frühere Lieblingstochter aller Schweizer, hat den richtigen Zeitpunkt für ihren Abgang verpasst. Nach über dreijähriger Pause wegen Problemen an Fersen, Füßen und Gelenken hatte Hingis im Januar 2006 ein vielversprechendes Comeback. Beim Australian und French Open erreichte sie das Viertelfinale, und in Rom gewann sie den Tier-I-Titel. Aber 2007 ging es nach einem fulminanten Jahresstart – Viertelfinale in Melbourne und Titel in Tokio – nur noch bergab: Nach Februar 2007 gelang es ihr nicht mehr, eine Top-30-Spielerin zu bezwingen, wobei ihr auch erneut Verletzungen zu schaffen machten. Der Vorwurf, Kokain konsumiert zu haben, wird ihrem Image nachhaltigen Schaden zufügen, auch wenn sie die Konsequenzen zog und am 1. November 2007 ihre Tennisprofi-Karriere zum «zweiten» Mal beendete.

Der für seinen Machtwillen und -instinkt bekannte russische Präsident Putin trat am Ende seiner zweiten Amtsperiode auf einem Popularitätshoch zurück. Angesichts seiner Machtfülle und breiten Unterstützung in allen Teilen des russischen Volkes hätte Putin wohl mit einer Verfassungsänderung widerstandslos eine weitere Amtszeit bewirken können. Der Verzicht auf diese Maßnahme brachte dem für die Demokratiedefizite in seinem Land kritisierten Staatsmann gerade im Westen Respekt ein.

Wachse aus Respekt vor anderen

Respekt vor einer Leistung kann dich in Ehrfurcht erstarren lassen und deshalb blockieren oder dich zu einer Leistungssteigerung anspornen. Der Herausforderer, der gegen einen mehrfachen Weltmeister und eine lebende Legende antritt, antizipiert entweder seine Niederlage vor der Auseinandersetzung oder verwandelt den großen Respekt in eine Motivationsspritze. Die durch die Rolle der Hitlersekretärin Traudl Junge im Film *Der Untergang* international bekannt gewordene Schauspielerin Alexandra Maria Lara beteuert immer wieder ihren Respekt vor großen Namen und Schauspielerkollegen. Im Interview mit *Park Avenue* bekannte sie ihren «irrsinnigen Respekt» in der Zusammenarbeit mit Branchengrößen wie Sir Anthony Hopkins oder Francis Ford Coppola. Dass ihr der Respekt nicht schadet, zeigt der wachsende Erfolg.

Sag einfach mal besser nichts

«Si tacuisses, philosophus mansisses» – Wenn du geschwiegen hättest, wärst du ein Philosoph geblieben. Schon die alten Römer wussten, dass es manchmal besser ist, einfach den Mund zu halten. Wer kennt das große Verlangen nicht, sich am liebsten zu verkriechen, wenn nach den eigenen Äußerungen peinliche Ruhe im Raum liegt. Gesagt ist gesagt!

Ein Gefühl des Déjà-vu befällt einen beim Zappen durch die allabendlichen Talkshows. Dort sieht man die immer gleichen Köpfe zu immer ähnlichen Themen ihre Kommentare abgeben. Wird eine Botschaft zu oft wiederholt, verliert ihr Inhalt an Gewicht. Wer dann wirklich einmal etwas zu sagen hat, wird nicht mehr gehört. Trotz der fußballerischen Leistungen des Nationalspielers und Weltmeisters Lothar Matthäus machen die meisten Deutschen einen großen Bogen um ihn. So gut er den Ball beherrschte, so schlecht konnte er seine Zunge im Zaum halten. Auch der Fußballmanager Uli Hoeness verspielte sich Sympathien und Respekt mit einer Wutrede gegen Fans, welche die Stimmung in der Allianz Arena kritisiert hatten. «Die Scheißstimmung, für die seid ihr doch zuständig und nicht wir. Es kann nicht sein, dass wir uns jahrelang den Arsch aufreißen und dann so kritisiert werden. Was glaubt ihr denn, wer ihr seid?»

Doch Schweigen kann einem nicht nur Häme, Spott oder einen Gesichtsverlust ersparen, sondern auch Menschenleben retten. Mutige Freiheitskämpfer und Partisanen geben trotz Folter durch ihre Besatzer oder diktatorische Regime Geheimnisse oder Namen ihrer Verbündeten nicht preis. Dem Nazi-Regime widersetzten sich mutige Frauen und Männer in ganz Europa, wie beispielsweise Jan Karski, der als Kurier der polnischen Untergrundbewegung 1942 den Alliierten als einer der Ersten Beweise für die Verbrechen an den Juden lieferte. Um an Informationen zu gelangen, verschaffte er sich, als Wachmann getarnt, Zugang zum Warschauer Ghetto. Im Juni 1940 fiel er in der Slowakei der Gestapo in die Hände. Trotz aller Folter, die er erleiden musste, gab er seinen Peinigern weder einen Namen noch irgendeine Auskunft preis. Nach einem Selbstmordversuch wurde Karski schließlich befreit.

Steh zu deinen Wurzeln, aber passe dich in der Fremde an

Verlassen Menschen ihr traditionelles Umfeld, fehlt ihnen oft der Bezug. Ungewohnte Traditionen, Sitten und Sprachen sind Gründe dafür. Ein weiterer kann fehlende Flexibilität sein. Um im Ausland Erfolg zu haben, muss man die «kulturellen Codes» kennen, wie Michael Neubert in seinem Buch *Internationale Markterschließung* beschreibt. Wer im neuen Umfeld respektiert werden will, muss zuerst die neue Kultur, deren Sitten und Gesetze kennenlernen und respektieren. Wer sich anpasst und sich dennoch treu bleibt, hat Chance auf Respekt von den Leuten seiner Heimat: «Der hat's geschafft und ist immer noch der Alte.» Mit Neid und Bewunderung betrachten Einheimische von Kuba bis Argentinien ihre Landsleute, die es schafften, in die USA auszuwandern, um dort ihren ganz persönlichen amerikanischen Traum zu leben. Mittlerweile haben sich die Latinos vor allem in Florida und Kalifornien zu einer dominierenden wirtschaftlichen, politischen und kulturellen Macht entwickelt, welche Politik wie Wirtschaft längst nicht mehr ignorieren können. Zwar haben sich die Latinos dem amerikanischen Way of Life angepasst, pflegen aber gleichzeitig selbstbewusst ihre Kultur. Heute sind die USA stark von der lateinamerikanischen Sprache, Musik, Kunst und Essenskultur geprägt.

Mach dich rar

Wer geschätzt und respektiert werden will, macht sich dann und wann für eine Weile rar, um durch sein Fehlen auf seine sonst fortwährenden Dienste und guten Leistungen aufmerksam zu machen. Kaiser und Führungskräfte planen ihre Anwesenheit bewusst. Sie spüren instinktiv, wann und wo sie Präsenz markieren müssen. Der legendäre Jack Welch, ehemaliger Chef des Giganten General Electric, tauchte unerwartet bei Sitzungen unterer Chargen auf, die ihn in diesen Momenten als einen Chef zum Anfassen erlebten.

Ob Präsidenten, Päpste, Unternehmenschef – respekteinflößend ist ihre Distanz. Während Papst Johannes Paul II. während seiner zahlreichen Reisen so viele Hände wie keiner seiner Vorgänger schüttelte und dafür die Herzen von Millionen von Menschen gewann, macht sich Benedikt XVI. rar. Im Bad in der Menge fühlt er sich sichtlich unwohl; er segnet das Volk lieber mit etwas Distanz. Seine Auftritte sind geplant, seine Botschaften haben Grundsatzcharakter. Der deutsche Papst ist denn auch mehr respektiert als geliebt.

Geh in den Untergrund

Menschen, deren Ideale und politischen Ziele kein Gehör finden oder die aufgrund ihrer Meinungsäußerung um ihr Leben bangen müssen, bleibt oftmals nur der Weg in den Untergrund. Untergrundbewegungen, paramilitärische Gruppen oder Freiheitskämpfer erhalten denn auch oft Respekt für ihren Mut und ihren Einsatz.

Der Gang in den Untergrund ist manchmal die einzige Möglichkeit, auf die in den Slums der Megacitys herrschenden Missstände aufmerksam zu machen. Der brasilianische Graffiti-Künstler Zezão erlangte durch seine Sprühwerke in den rattenverseuchten Tunnelsystemen São Paulos internationale Anerkennung. Er sprüht im Verborgenen und taucht die Lichtschächte, Gullys und Betonwände mittels hell- und dunkelblauen Grafiken in ein neues Licht. Im Zusammenhang mit der Ausstellung seiner Werke in mondänen New Yorker Galerien sagte der Künstler: «Ich bin ein Städter. Ich mache meine Kunst für diese Menschen – Menschen, die nicht in Galerien gehen, für die Menschen auf der Straße. Für mich ist der Moment etwas ganz Besonderes. Meine Arbeit ist für Liebe, für Frieden, für die Menschen, die kein Zuhause haben. Ich respektiere diese Menschen und ich bringe ihnen Kunst. Die Regierung vergisst diese Menschen –

es ist die Dritte Welt und sie werden wie Abfall behandelt. Meine Kunst ist für sie. Ich mache das Abwasserkanalsystem zu meiner Galerie.»

Steh auf, sag deine Meinung

Aus der Geschichte oder aus eigener Erfahrung wissen wir, dass es nicht immer von Vorteil ist, seine eigene Meinung zu sagen. Wer den Mund aufmacht, zieht oft den schwarzen Peter, wird bestraft oder riskiert sogar sein Leben. Im 21. Jahrhundert bildet sich die Mehrheit ihre politische Meinung via Internet. Blogger machen den Mächtigen – meist ohne Gefahr und Konsequenzen für sich selber – nicht selten das Leben schwer.

Wesentlich mehr Mut mussten die Bürgerrechtskämpfer des letzten Jahrhunderts im Kampf gegen Unterdrückung aufbringen. Am 28. August 1963 führte Martin Luther King den historischen Marsch auf Washington an und hielt seine heute legendäre Rede «I have a dream». Der Baptistenpastor und Bürgerrechtler wird heute weltweit als einer der wichtigsten Vertreter im Kampf gegen die Unterdrückung der Afroamerikaner und für soziale Gerechtigkeit verehrt. King, der stets Gewaltlosigkeit predigte, wurde mehrmals angegriffen, überlebte mindestens ein Bombenattentat und wurde zwischen 1955 und 1968 mehr als dreißig Mal inhaftiert. Am 4. April 1968 wurde er in Memphis, Tennessee, erschossen. Ein zweiter wichtiger Vertreter im Kampf gegen die Unterdrückung der Schwarzen war Nelson Mandela, der gegen die Apartheid kämpfte und dafür rund 27 Jahre im Gefängnis saß. In der jüngeren Zeitgeschichte hatte der UN-Waffeninspektor Dr. Hans Blix im Irak eine schwierige Aufgabe zu bewältigen. Bereits vor dem Krieg war er davon überzeugt, dass im Irak keine Massenvernichtungswaffen existieren. Den hundertprozentigen Beweis konnte er nicht liefern, obwohl er über 700 Inspektionen verfügt hatte. Er lief gegen die Zeit und die Bush-Regierung an. Erst hinterher bekam er recht.

Sei mutig und mache Mut

Was bewegt Menschen, hinzuschauen, wenn alle anderen wegschauen; jemandem zu Hilfe zu eilen, wenn andere vorbeigehen; ihre Stimme zu erheben, wenn andere schweigen, zum Beispiel, wenn ein Mitarbeiter von seinem Chef ungerecht behandelt und vor versammelter Mannschaft vorgeführt wird? Vor mutigen Menschen wie den Geschwistern Scholl, Nelson Mandela oder dem Hitler-Attentäter Graf von Stauffenberg ziehen wir den Hut.

Erstaunlich ist manchmal, wen die öffentliche Meinung als mutig ansieht. Der US-Schauspieler Tom Cruise, der seit längerem vergeblich an vergangene künstlerische und wirtschaftliche Erfolge anzuknüpfen versucht, wurde für seinen Film *Walküre* mit dem Burda-Medienpreis «Bambi» in der Kategorie «Courage» ausgezeichnet. Begründung: «Cruise sucht die künstlerische Herausforderung und geht für seine Projekte auch Risiken ein.» Für den Preis erntete Cruise hinterher jedoch vornehmlich Spott: «Einen Film zu drehen, dafür fünfzig Millionen Dollar zu bekommen – ich finde, da gibt es Mutigeres.»

Mutige Vorbilder sind hingegen Anna Stepanowna Politkowskaja und Ingrid Betancourt, die sich im Kampf gegen die Staatsobrigkeit und gegen Gewalt mutig für ihre Ideale einsetzten und dabei ihr Leben riskierten. Die Journalistin Politkowskaja, schärfste Kritikerin des Putin-Regimes und des Tschetschenienkrieges, wurde am 7. Oktober 2006 ermordet. Unbeirrt von Morddrohungen und Einschüchterungen hielt die Journalistin bis zum Tod an ihrer Mission fest. Die Öffentlichkeit und die Dokumentation «Ein Artikel zu viel – Der Mord an Anna Politkowskaja» zollen ihr posthum Respekt.

Internationale Aufruhr verursachte auch das Schicksal der kolumbianischen Politikerin Ingrid Betancourt. Statt sich an der Seite ihres Gatten, eines französischen Diplomaten, ein bequemes Leben einzurichten, kehrte die Politikerin in ihre Heimat zurück, um gegen politisches Unrecht und Korruption zu kämpfen. Mit spektakulären Aktionen machte sie auf sich und ihre Sache aufmerksam. So verteilte sie wartenden Autofahrern Kondome mit dem Spruch: «Mein Name ist Ingrid Betancourt, ich kandidiere für die Parlamentswahlen und ich glaube, dass die Korruption in der Politik mit Aids gleichzusetzen ist. Hier schenke ich Ihnen ein Präservativ, damit Sie am Wahltag an mich denken.» Trotz verschiedener Entführungsdrohungen nahm Betancourt nie ein Blatt vor den Mund. Seit sie 2002 von der Guerrillabewegung Farc entführt wurde, wird sie unter menschenunwürdigen Umständen festgehalten. Obwohl sich verschiedene Politiker und Organisationen aus der ganzen Welt für ihre Freilassung einsetzen, wird die mittlerweile schwerkranke Ingrid Betancourt immer noch an einem unbekannten Ort festgehalten.

Schlag zu, wenn andere zögern

Es gibt Manager und Leader, MBA-Absolventen und Businessleute, die Titel sammeln. Und dann gibt es Geschäftsleute, die die Businesswelt mit ihren Deals verblüffen. Während einige ihnen mit Neid oder Missgunst begegnen, gebührt ihnen für eines Respekt: für den Mut, Risiken einzugehen, wenn andere kneifen. Das gilt auch für jene russischen Oligarchen, die sich im Tumult der postkommunistischen Ära die «Juwelen» aus dem Staatsbesitz pickten. Im Nachhinein waren es Schnäppchen. Doch im Moment agierten die Geschäftsmänner mit Instinkt und großem Mut. Einer von diesen ist Roman Abramovich, den das US-Magazin *Forbes* mit 12,8 Milliarden Euro Privatvermögen auflistet. Abramovich, mittlerweile stolzer Besitzer des Fußballclubs FC Chelsea, einer Boeing 767 und einiger Jachten, wurde 1966 im russischen Saratov geboren. Bereits in jungem Alter verlor er beide Elternteile und wurde von Verwandten großgezogen. 1988 begann er sein eigenes Geschäft mit Plastikspielzeug. Später handelte er Öl an der Moskauer Rohstoffbörse. Seinen Durchbruch hatte er 1995, als er mit dem damaligen Tycoon Beresowski zusammentraf. Im Zuge des «Kredite gegen Aktien»-Programms – Geschäftsleute, die der Regierung Jelzin Geld liehen, erhielten als Gegenleistung Anteile an nichtprivatisierten «Juwelen» – erwarben die beiden den Ölkonzern Sibneft. In den neunziger Jahren baute Abramovich ein weitverzweigtes Firmenimperium aus. Zudem wurde er 2000 zum Gouverneur der Region Tschukotka gewählt.

Gewinne Anhänger, aber bekehre nicht

«Meine Absicht war nie zu missionieren», sagt die ehemalige Sozialhilfeempfängerin und *Harry Potter*-Autorin J. K. Rowling. Während Kirchgemeinden verzweifelte Versuche unternehmen, ein jüngeres Publikum in die Gotteshäuser zu bringen, zieht die fiktive Person Harry Potter scharenweise junge Menschen in ihren Bann. Ein gelungener Mix aus östlichem Mystizismus und Alchemie machen das Phänomen «Harry Potter» aus, mit dem fundamentalistische Kleriker in den USA oder in Russland, aber auch Vertreter der muslimischen Welt hart ins Gericht gehen. Sogar Papst Benedikt XVI. warnt vor den «subtilen Verführungen», die «das Christentum in der Seele verfälschen könnte». Im 21. Jahrhundert lassen sich die Menschen aber nicht mehr länger durch moralische Vorschriften, Gebote oder Verbote binden.

Halt dich vom Filz fern

Spätestens seit dem nicht enden wollenden Siemens-Skandal um schwarze Kassen im Ausland ist die Korruption im Bewusstsein der Öffentlichkeit angekommen. Seither machen ehemalige

Vertraute einen großen Bogen um Heinrich von Pierer, den ehemalige Vorstands- und Aufsichtsratsvorsitzenden und Kanzlerberater, der sogar einmal zur Debatte um den höchsten Posten im Staate Deutschland gestanden hatte. Auch dank der Bemühungen von Transparency International rückt das Thema Korruption immer stärker ins Bewusstsein der Öffentlichkeit. Der wirtschaftliche Schaden beläuft sich nach Angaben des Corruption Perceptions Index auf über zwölf Prozent des weltweiten Inlandsprodukts. Brisant der Fall am Stuttgarter Landgericht, das entscheiden musste, ob Utz Claassen, früherer Chef des Energieversorgers EnBW, sich mit dem Versand von Gutscheinen für die Fußballweltmeisterschaft 2006 an sechs Mitglieder der baden-württembergischen Landesregierung und einen Staatssekretär der Vorteilsgewährung schuldig gemacht habe.

Teil des Systems zu sein, kann hilfreich sein. Wer außen vor steht, hat es oft schwerer, kann aber meistens mit Respektbezeugungen rechnen. So die attraktive Kritikerin von CSU-Chef Edmund Stoiber, Gabriele Pauli. Von ihrer Partei mit Buhrufen wie «charakterlos» und «Pauli raus» beschimpft, riskierte sie mit ihrer Gradlinigkeit ihre Parteikarriere, erntete dafür aber Respekt. Von einer Stadträtin aus Gaildorf erhielt sie die aufmunternden Zeilen: «Hallo Frau Pauli, ich bin alles andere als eine Anhängerin der CDU/CSU, sondern seit mehr als 23 Jahren als Stadträtin für ‹meine› Partei, die SPD aktiv. Aber ich habe Respekt vor Ihnen und möchte Ihnen Mut machen – geben Sie nicht auf.»

Sei ein Held zum Anfassen

Wenn Reiche und Mächtige nicht mehr als Vorbilder taugen, richten die Medien ihren Fokus auf die Welt der Normalos. Der amerikanische Nachrichtensender *CNN* lässt mit seiner Sendung «CNN Heroes» die Zuschauer ihre eigenen Helden wählen. Unter mehr als 7000 Helden aus 93 Ländern wurden 18 Finalisten ausgewählt. Die Kategorie reichte von außerordentlichen Leistungen von Menschen unter 18 Jahren bis zu «innovativen Anstrengungen, um die Umwelt zu erhalten und zu schützen». Irania Martinez Garcia verwandelte eine vergiftete Müllhalde in einen freundlichen Öko-Garten. In der Kategorie «Helden unter 18» wurde Kayla Cornale ausgewählt, die ein Lerninstrument für Autisten erfunden hatte, das Sprache mit Melodien verbindet.

Steh auf, immer wieder

Wenn wir heute andere Menschen beneiden, sehen wir nicht die Höhen und Tiefen, welche sie bis zum Erfolg durchlebt haben. «Weiter, immer weiter», ist das Motto von Oliver Kahn, der lange Zeit als bester Torhüter der Welt galt. Und obwohl Kahn nie ein Sportler der Herzen war, so wurde er doch für seine großartigen Taten zwischen den Torpfosten gerühmt und von der Konkurrenz respektiert. «King Kahn», «kahntastisch» titelte das deutsche Boulevardblatt *Bild* während der Weltmeisterschaft 2002. Doch das Turnier endete für Kahn mit einer großen persönlichen Niederlage. Kahn stand jedoch wieder auf, machte weiter und bewies echte Größe, als er an der WM 2006 seinem direkten Konkurrenten Jens Lehmann den Vortritt lassen musste.

Erfinde das Rad neu

Das Auto neu zu erfinden, ist wie den Traum vom Fliegen neu zu träumen. Während sich die Bosse der milliardenschweren Autokonzerne auf den Messen in Detroit, Frankfurt und Genf sonnen und die Fachpresse mit dem Hybridauto Prius die ökologischen Errungenschaften von Toyota feiert, nahm sich der über sechzigjährige norwegische Unternehmer Jan-Ola Willums vor, das konventionelle Geschäftsmodell von Produktion, Verkauf und Vertrieb mit dem Konzept «Think» neu zu erfinden. Mit rekordhohen Öl- und Benzinpreisen, einem globalen Klima, das unter der CO_2-Belastung zu kollabieren droht, und endlosen Staus in den Metropolen sind die Voraussetzungen ideal. Selbstverständlich testen auch die Großen ihre Prototypen. Statt die Autos in teuren Showrooms feilzubieten, vermarktet Willums seine Autos online: Kunden werden eingeladen, ihr Think-Auto selbst zu gestalten. Statt konventioneller Werbung setzt Think auf kostengünstiges Guerilla-Marketing. Um die Zweifel an den hohen Batteriekosten und ihrer Lebensdauer zu beseitigen, bleibt Think im Besitz der Batterien und belastet den Kunden eine Monatsrate für den Batteriegebrauch. Jedes «Think»-Mobil ist via Computer mit einem Technikerteam verbunden, das die Leistung der Batterie überprüft und mögliche Probleme früh erkennt. Dass Willums keineswegs als weltfremder Spinner angesehen wird, beweist das Investment der beiden Google-Gründer und Elektroauto-Enthusiasten Sergey Brin und Larry Page, die eine Diskussion unter dem Thema «rethinking Think» initiiert haben.

Heute besser als gestern

«Das Beste und Schlechteste, was eine Person erreichen kann, ist einfach ein bisschen mehr», sagte einer der erfolgreichsten Tennisspieler aller Zeiten im Interview mit der *Financial Times.* Kaum jemals wurde ein Verlierer so gefeiert: Nachdem er sein letztes Match nach über zwanzigjähriger Karriere verloren hatte, wurde Agassi während acht Minuten mit Standing Ovations gefeiert. Er hatte insgesamt acht Grand Slams, eine Olympische Goldmedaille und 17 ATP-Masterturniere gewonnen, mehr als jeder andere Spieler. Kaum eine andere Sportlerkarriere war von so vielen Höhen und Tiefen gezeichnet wie jene von Agassi. In den achtziger und Anfang der neunziger Jahre kämpfte er mit langen Haaren und pastellfarbenem Outfit gegen den Traditionalismus der Tennisinstitutionen wie Wimbledon an: 1992 gewann er gegen Goran Ivanisevic. Nach zahlreichen Verletzungen wurde ein kurzgeschorener Agassi 1995 nach 26 Hartplatzsiegen zum ersten Mal die Nummer eins. Danach ging's wieder bergab – nach abermaligen Verletzungen und der Scheidung von der Schauspielerin Brooke Shields stieg Agassi 1997 auf Platz 141 der Weltrangliste ab. 1999 war er wieder die Nummer eins. «Es war nie meine Motivation zu gewinnen», gesteht Agassi im Interview mit der *Financial Times*. «Die Motivation war der Prozess, … und deshalb bedeuteten die acht Minuten nach meinem letzten Spiel viel für mich. Wenn ich die Zeit zurückdrehen und dieses Spiel gewinnen könnte, würde ich es nicht machen. Weil dann wäre nicht geschehen, was mir am meisten bedeutet – eben diese acht Minuten.»

Mach alles anders

Loic Le Meur stellte zehn Regeln auf, wie man erfolgreich Geschäft macht – um sie kurz darauf selber zu übertreten. Frankreichs bekanntester Blogger stieß in seinen Blogs die eigenen Landsleute vor den Kopf: Um die Bloggers dieser Welt auch in Europa heimisch zu machen, lancierte er die «LeWeb»-Konferenz, zu der über 1300 Menschen aus fünfzig Ländern kamen. Er provozierte die Franzosen, indem er keine französische Simultanübersetzung anbot. «Wer kein Englisch spricht, hat bei dieser Konferenz nichts verloren», so seine Begründung. Und als France Telecom den Preisplan von Le Meurs Unternehmen Rapid kopierte, verklagte er diese nicht, sondern arbeitete mit dem Großkonzern zusammen. «Ich sage Studenten immer wieder, sie sollen ihre Mitbewerber respektieren. Ich treffe sie immer. Hätte ich France Telecom kritisiert, hätte ich ihnen nie meine Firma verkaufen können.» Der Mittdreißiger hat den Sprung von Paris ins Silicion Valley geschafft und gehört heute zu Premierminister Sarkozys Beraterteam.

Definiere Luxus neu

Schon 1995 bezeichnete der deutsche Schriftsteller Hans Magnus Enzensberger in seinen *Reminiszenzen an den Überfluss* den Luxus als «einen hartnäckigen Widersacher der Gleichheit». Während neureiche Russen und Inder Luxus demonstrativ leben und Hersteller von Luxusgütern einen historischen Boom erleben, entwickelt sich das westliche Verständnis von Luxus in eine andere Richtung. Von vielen respektiert wird, wer dem kommerziellen Konsumzwang entsagt und eine neue Art von Luxus findet. Gemäß Enzensberger sind dies Zeit, Aufmerksamkeit, Raum, Ruhe, Umwelt und Sicherheit. Für viele ist die Freiheit, sich die Zeit selber einzuteilen und mit jenen Menschen zu treffen, die sie auch wirklich sehen wollen, der größte Luxus. Die Amerikaner nennen dies «Value Time», in der man nicht nur anwesend ist, sondern präsent. Gerade im reichsten Land der Welt wird Zeit zur wertvollsten Ressource. Der Durchschnittsamerikaner hat immer mehr Probleme, seine täglichen Verpflichtungen in 24 Stunden zu packen. Mit wachsendem Druck aus dem Berufsleben wird immer häufiger etwas vom privaten Zeitbudget abgezwackt. «Aufräum-Gurus» und zertifizierte Familienmanager erleben einen wahren Businessboom. Auch in Deutschland zählt *Simplify your life* seit Jahren zu den Bestsellern in der Ratgeberliteratur.

Lebe deinen Traum

Wir haben Respekt vor Menschen, die ihren Traum leben und ihn nicht nur träumen. Der Traum des britischen Stuckateurs Eddie the Eagle Edwards war es, einmal in seinem Leben an Olympischen Spielen teilnehmen zu können. Er versuchte sich im Judo, Volleyball und Pferdesport, blieb aber überall erfolglos. So entschied er sich fürs Schanzenspringen, eine Disziplin, in der es keine britischen Sportler gab. Schon 1987 nahm er an den Nordischen Skiweltmeisterschaften in Oberstdorf teil. Er belegte Platz 98 unter 98 Springern. Seine Distanz von 73,5 m war ein britischer Rekord und ermöglichte ihm die Teilnahme an den Olympischen Spielen. Auch an den Olympischen Spielen in Calgary belegte er den letzten Platz. In seiner Schlussrede sagte IOC-Präsident Juan Antonio Samaranch: «Viele Athleten haben Gold geholt, andere Rekorde gebrochen, und ein Athlet flog wie ein Adler.» Und obwohl Samaranch damit wohl den Finnen Nykänen gemeint hatte, erhoben sich die Zuschauer und jubelten: «Eddy, Eddy!» Eddy the Eagle war finanziell erledigt, ging jedoch in die Annalen der Olympischen Spiele ein.

Zum Autor

Bernhard Bauhofer (*1962), geboren in Deutschland, Soziologe. Langjährige Karriere in internationalen Werbeagenturen in Europa, den USA und Lateinamerika. Gründer Sparring Partners GmbH. Gastdozent an den Universitäten in Ludwigshafen, Hannover, Vaduz und Bern. Lebt und arbeitet in Wollerau und auf der ganzen Welt. www.reputationmanagement.ch

Foto: Christoph Martin Schmid
www.christoph-martin-schmid.com

Klaus Heer
WonneWorte — Lustvolle Entführung aus der sexuellen Sprachlosigkeit

«Was soll ich denn überhaupt sagen beim Vögeln? —
Mir fällt einfach nichts ein ...»

**Klaus Heers «WonneWorte» beendet die Sprachlosigkeit im Bett.
In gewohnt direkter und saftiger Sprache nimmt Heer uns mit auf eine
Reise in unberührte, erregend-neue Gegenden der sexuellen Zwei-
samkeit.**

Sie wollen sich nicht abfinden mit erotischer Einsilbigkeit und Anein-
andervorbeischlaf in Ihrer Partnerschaft? Ihre gemeinsame Sexualität
liegt Ihnen am Herzen? Ihre Liebe soll nicht verstummen? WonneWorte
verlockt Sie, Ihr neues persönliches Aphrodisiakum zu entdecken:
die Sprache. Der Berner Paartherapeut Klaus Heer (Bestseller «Paar-
lauf», 2005 und «Ehe, Sex & Liebesmüh'», 1995) macht Ihnen Mut und
Lust, erotische Wörter und Sätze über die Lippen zu bringen, wenn
Sie sich beide nahe kommen möchten. Und er zeigt Ihnen ungeniert,
wie's geht! Das Buch funktioniert spielerisch und interaktiv, die vielen
Tests und Fragebögen wecken die Lust, sofort auszuprobieren und
zu experimentieren. Dazu gibt es auf der Website von Klaus Heer zahlreiche Ergänzungen und Vertiefungen, Synonyme und weitere Anre-
gungen. www.klausheer.com

Klaus Heer
WonneWorte — Lustvolle Entführung aus der sexuellen Sprachlosigkeit
Klappbroschur, 304 Seiten
ISBN 978-3-905801-02-6
www.salisverlag.com

Jon Ronson
Radikal — Abenteuer mit Extremisten

Was ist ein Reihenhaus-Ayatollah? Ist George W. Bush in Wirklichkeit
eine 3 Meter große, Blut trinkende Echse? Was hat es mit der
Bilderberg-Gruppe auf sich? Wie fühlt es sich an, in einem Dschihad-
Trainingscamp als jüdisch entlarvt zu werden? Und warum führt
ein Ku-Klux-Klan-Boss Kurse durch, die seine Jünger netter und sympa-
thischer machen sollen?

Jon Ronson, renommierter britischer Journalist und Dokumentarfilmer,
hat sich aufgemacht, um eine Reihe von Porträts von Extremisten
zu verfassen. Dabei ist er auf eine Weltverschwörungstheorie gestoßen,
die alle seine Interviewpartner teilten, ob islamischer Fundamentalist,
Ku-Klux-Klan Mitglied oder esoterischer Spinner: Eine winzige Elite
kontrolliert die ganze Welt, aus einem geheimen Raum heraus. Ronson
wollte wissen, ob dies stimmt und falls ja, wo sich dieser Raum befindet.
Daraus entstand eine absurde, oft witzige und oft verstörende Repor-
tage—geschrieben mit britischem Humor und viel Lakonik. «Radikal—
Abenteuer mit Extremisten» liest sich wie ein spannender Thriller,
beruht aber ausschließlich auf Fakten und zeigt die Mechanismen der
Verschwörungstheorien, die seit 9/11 erschreckend mehrheitsfähig
geworden sind.

Jon Ronson
Radikal — Abenteuer mit Extremisten
Gebunden, 288 Seiten
ISBN 978-3-905801-01-9
www.salisverlag.com